O fim da América

NAOMI WOLF

O fim da América

Tradução de
MÁRCIO FERRARI

EDITORA RECORD
RIO DE JANEIRO • SÃO PAULO
2010

CIP-BRASIL. CATALOGAÇÃO-NA-FONTE
SINDICATO NACIONAL DOS EDITORES DE LIVROS, RJ

W836f
Wolf, Naomi
O fim da América / Naomi Wolf; tradução Márcio Ferrari. –
Rio de Janeiro: Record, 2010.

ISBN 978-85-01-08298-5

1. Direitos fundamentais – Estados Unidos. 2. Abuso do poder administrativo – Estados Unidos. 3. Segurança nacional – Estados Unidos. 4. Estados Unidos – Política e governo – 2001-2009. I. Título.

10-0327

CDD: 323.490973
CDU: 342.7(73)

Título original em inglês:
THE END OF AMERICA

Copyright © 2007 by Naomi Wolf

Todos os direitos reservados. Proibida a reprodução, armazenamento ou transmissão de partes deste, livro através de quaisquer meios, sem prévia autorização por escrito. Proibida a venda desta edição em Portugal e resto da Europa.

Direitos exclusivos de publicação em língua portuguesa para o Brasil adquiridos pela
EDITORA RECORD LTDA.
Rua Argentina 171 – 20921-380 Rio de Janeiro, RJ – Tel.: 2585-2000
que se reserva a propriedade literária desta tradução

Impresso no Brasil

ISBN 978-85-01-08298-5

Seja um leitor preferencial Record.
Cadastre-se e receba informações sobre nossos lançamentos e nossas promoções.

EDITORA AFILIADA

Atendimento e venda direta ao leitor:
mdireto@record.com.br ou (21) 2585-2002

Para Arnold Hyman e Wende Jager Hyman
e para Chris e Jennifer Gandin Le,
que amam esta nação

O cair da noite não acontece de uma vez só, nem a opressão. Nos dois casos, há um crepúsculo em que tudo parece continuar igual. E é durante esse crepúsculo que todos nós precisamos ficar muito atentos às mudanças no ar — por mais sutis que sejam —, antes que nos tornemos vítimas involuntárias da escuridão.

JUIZ WILLIAM O. DOUGLAS

SUMÁRIO

PREFÁCIO 13

INTRODUÇÃO: DEZ ETAPAS 17

1. OS FUNDADORES E A FRAGILIDADE DA DEMOCRACIA 39

2. INVOCAR AMEAÇAS INTERNAS E EXTERNAS 59

3. CRIAR PRISÕES SECRETAS 73

4. DESENVOLVER UMA FORÇA PARAMILITAR 111

5. VIGIAR CIDADÃOS COMUNS 123

6. INFILTRAR-SE EM GRUPOS DE CIDADÃOS 135

7. DETER E LIBERTAR CIDADÃOS ARBITRARIAMENTE 141

8. PERSEGUIR PESSOAS-CHAVE 157

9. CERCEAR A IMPRENSA 169

10. CLASSIFICAR AS CRÍTICAS DE "ESPIONAGEM" E A
    DISCORDÂNCIA DE "TRAIÇÃO" 195

11. SUBVERTER O ESTADO DE DIREITO 207

CONCLUSÃO: A MISSÃO DO PATRIOTA 221

AGRADECIMENTOS 225

NOTAS 227

BIBLIOGRAFIA 251

Nós começamos com liberdade.

RALPH WALDO EMERSON

PREFÁCIO

Escrevi este livro porque não podia mais ignorar as coincidências entre acontecimentos do passado e forças que operam atualmente.

Quando discuti essas questões informalmente com uma amiga que é filha de sobreviventes do Holocausto — e que dá aulas sobre o sistema de governo americano como uma espécie de resposta pessoal ao que aconteceu com sua família —, ela insistiu para que eu publicasse meus argumentos.

Construí o livro na presente forma porque, durante minha pesquisa, fui ao casamento de Christopher Le e Jennifer Gandin.

Jennifer é uma de nossas alunas — uma jovem escritora talentosa, filha de um pastor texano. Suas raízes no interior dos Estados Unidos remontam a várias gerações.

Chris — o "jovem patriota" do subtítulo — é um ativista nato, professor e líder de base. Ele ajuda a administrar uma entidade nacional de prevenção a suicídios e milita a favor de várias causas. Os dois são figuras típicas dos grupos de jovens idealistas — idealistas *americanos* — que precisam tirar nossa nação da crise.*

Eu fui ao casamento de Chris e Jennifer num dia quente do início do outono. Era uma reunião perfeita das tradições americanas: o melhor da liberdade, da generosidade e da hospitalidade dessa nação.

A celebração teve lugar numa encosta verde do vale do rio Hudson. A família de Jennifer decorou o local da cerimônia com

---

*A autora neste livro ao mencionar nossa/esta nação se refere aos Estados Unidos da América. (*N. da E.*)

fitas de chiffon branco; a mãe de Chris e suas parentas cozinharam durante dias para criar maravilhosos pratos vietnamitas. Jennifer compareceu ao juramento brilhando num *ao dai* branco, o tradicional traje de noiva vietnamita, que ela trocou para a festa por um vestido de baile americano roxo, igualmente radiante. Havia crianças brincando, árvores sussurrando ao vento, o sol colorindo a paisagem; houve brindes e presentes, um ótimo DJ e piadas ruins. Amigos de diferentes raças e origens dançavam e conversavam, compartilhando a afeição que todos sentíamos pelo jovem casal. Era uma demonstração de tudo o que esse país deveria ser.

Eu estava lá, saída de minhas leituras, e não podia ignorar as terríveis nuvens de tempestade que se agregavam sobre toda a nação. Senti que o jovem casal precisava de mais um presente: os instrumentos para entender de modo profundo a liberdade de que desfrutam e que precisam defender, os meios para assegurar que seus filhos nasçam em regime de liberdade.

Não foi um pensamento simplesmente acadêmico. A mãe de Chris, Le Mai, que recebeu os convidados com estilo e graça, é uma heroína. Ela fugiu do Vietnã quando jovem, uma refugiada — uma *boat person* — carregando nos braços Vu (nome de batismo de Chris) com menos de dois meses de idade. Ela sabia que tinha de arriscar a própria vida e a de seu filho pela chance de viver em liberdade.

Como desfrutamos de liberdade, até recentemente farta, é até difícil entender como ela o quanto esse direito é precioso. Precisamos alcançar tal tipo de compreensão rapidamente, para combater a crise que enfrentamos e para agir com a urgência que o tempo requer.

Chris e eu conversamos sobre liberdade e ele disse confiar que o pêndulo sempre volta a oscilar na direção contrária. Ele também acredita que muitos de seus colegas têm pouca ligação com a democracia porque as gerações anteriores não lutaram por ela.

Não são apenas os jovens que estão desvinculados dos deveres da democracia justamente no momento em que as liberdades da nação estão sendo desmanteladas. Em minhas viagens pelo país, ouvi de cidadãos com todo tipo de formação que não se sentem incluídos na ideia dos Fundadores* de que *eles mesmos* são as pessoas que devem conduzir, *eles* são os que precisam decidir, além de confrontar e estabelecer limites. Eles são as pessoas que importam. Este livro foi escrito para eles.

Cidadãos como esses precisam da chave e da compreensão do legado radical dos Fundadores. Eles precisam entender como os déspotas trabalham.

Precisam de uma orientação para que eles mesmos e os que estão a sua volta estejam bem equipados para a luta que vem pela frente.

Então eles poderão lutar o bom combate.

Para que nossos filhos possam continuar a viver em liberdade.

Para que todos nós possamos.

Naomi Wolf
Nova York
24 de junho de 2007

---

*Fundadores ou Pais Fundadores são os políticos que assinaram a Declaração de Independência dos Estados Unidos (1776) ou participaram da Guerra de Independência (1775-1783) ou escreveram a Constituição norte-americana (1787). *(N. do T.)*

– INTRODUÇÃO –

DEZ ETAPAS

Os Estados Unidos foram inaugurados depois que o prejuízo feudal
se esgotou. Começamos bem. Sem inquisições, sem reis, sem nobres...

RALPH WALDO EMERSON

Querido Chris:

Estou escrevendo porque temos uma emergência.

Aqui estão as manchetes sobre os Estados Unidos publicadas por uma revista quinzenal durante o fim do verão de 2006:

22 de julho: "FUNCIONÁRIA DA CIA DIZ QUE MENSAGEM SOBRE TORTURA CAUSOU SUA DEMISSÃO." Christine Axsmith, especialista em segurança de computadores que trabalhava para a CIA, disse que foi demitida por postar uma mensagem num blog restrito a uma rede ultrassecreta de usuários. Ela criticou a prática do afogamento simulado. "Isso é tortura e é errado usar tortura", escreveu. A Sra. Axsmith perdeu o emprego, assim como a permissão de acesso a arquivos confidenciais que possuía desde 1993. Ela teme que sua carreira nos serviços de inteligência tenha terminado."[1]

28 de julho: "PROJETO DE LEI DISPENSA PROCEDIMENTOS LEGAIS PARA JULGAR COMBATENTES INIMIGOS." A administração Bush vem trabalhando em segredo num projeto de lei "que detalha procedimentos [para] levar a julgamento os prisioneiros da guerra ao terror, prevendo inclusive algumas exceções drásticas

às regras processuais... Julgamentos rápidos* não serão necessários... Informações baseadas em boatos serão admitidas... o advogado [militar] poderá encerrar o caso quando quiser [e] também poderá determinar a 'exclusão do réu e de sua defesa civil'". Aqueles definidos como "combatentes inimigos" e "pessoas envolvidas em beligerância ilegal" poderão ser mantidos na prisão até a "cessação das hostilidades", não importa quando isso venha a acontecer ou a que sentença de prisão eles sejam condenados.[2]

20 de julho: "A CORTE SITIADA." Em junho de 2006, a Suprema Corte declarou que a retirada de salvaguardas judiciais dos prisioneiros de Guantánamo violava as Convenções de Genebra e a lei americana. A Suprema Corte também insistiu em que o prisioneiro deve ter a permissão de estar presente ao próprio julgamento. Em resposta, a Casa Branca preparou um decreto que "simplesmente revoga esse direito". O editorial do *New York Times* advertiu: "É especialmente assustador ver que o governo se utiliza de suspeitas de espionagem e das discussões sobre os prisioneiros da baía de Guantánamo como justificativas para montar uma nova ofensiva contra os tribunais."[3]

31 de julho: "UMA PENADA." Advogados americanos publicaram uma declaração expressando alarme em relação ao modo como o presidente abusava dos *signing statements*.** Eles argumentavam que se tratava de um empenho do Poder Executivo em solapar a Constituição. O presidente da Associação Americana dos Tribunais disse: "Os *signing statements* presidenciais

---

Speedy trials (julgamentos rápidos) são uma garantia dada aos réus pela 6ª emenda da Constituição americana, de que não precisam esperar muito até o veredicto. (*N. do T.*)

**Declarações escritas e assinadas pelo presidente dos Estados Unidos quando uma lei é sancionada. (*N. do T.*)

representam uma ameaça iminente e real a nossa República, a menos que seja tomada uma atitude corretiva imediata."[4]

2 de agosto: "BLOGUEIRO PRESO DEPOIS DE DESAFIAR DETERMINAÇÕES JUDICIAIS." Um blogueiro independente, Josh Wolf, 24 anos, foi preso depois de se recusar a entregar a investigadores o vídeo que gravou de um protesto em São Francisco. Segundo Jane Kirtley, professora de ética e legislação de imprensa na Universidade de Minnesota, as prisões de jornalistas estavam se tornando mais frequentes, embora o Sr. Wolf fosse o primeiro blogueiro americano preso por autoridades federais de que ela tinha notícia."[5]

2 de agosto: "GOVERNO OBTÉM ACESSO A LIGAÇÕES TELEFÔNICAS DE REPÓRTER." "Um promotor federal ganhou a permissão de inspecionar as gravações dos telefonemas de dois repórteres do *New York Times* para identificar suas fontes confidenciais", de acordo com o jornal. Um juiz comentou que no futuro os repórteres terão de se encontrar com suas fontes clandestinamente, como traficantes de drogas fazendo contatos em "corredores escuros".[6]

3 de agosto: "CONSTRANGENDO A ELEIÇÃO." No Alabama, um juiz federal retirou os poderes de uma funcionária democrata sobre o processo eleitoral e os transferiu para o governador republicano: "A política partidária claramente atuou como força motivadora", argumentou o *Times*. "O pedido do Departamento de Justiça de transferir poderes da Sra. Worley para o governador Riley é inusitado." Quando Worley procurou recorrer a um tribunal supervisionado por um juiz federal alinhado com a administração Bush, ela não teve permissão de escolher seu advogado. Foi "um procedimento unilateral que fez lembrar uma Justiça de fachada", alertou o jornal. Worley perdeu a causa.[7]

Por que estou escrevendo esta advertência para você agora, em 2007? Afinal, nós tivemos uma eleição para o Congresso que deu o controle da Câmara e do Senado aos democratas. Os novos líderes estão trabalhando. Certamente, os americanos que estavam preocupados com a erosão das liberdades civis e com a destruição do equilíbrio institucional podem relaxar agora, porque nosso sistema, aparentemente, se autocorrige. É tentador acreditar que as engrenagens básicas da democracia ainda funcionam bem e que as eventualidades que as ameaçavam passaram ou — na pior das hipóteses — podem ser revistas na próxima eleição presidencial.

Mas os perigos não desapareceram. Eles só estão se reorganizando. Sob alguns aspectos, estão até ganhando força rapidamente. O quadro geral revela que dez pressões clássicas — usadas no passado, em várias épocas e lugares, para sufocar sociedades pluralistas — foram acionadas pelo governo Bush para cercar nossa sociedade aberta. Essas pressões nunca antes haviam sido postas em prática dessa forma nesta nação.

Ainda não é hora de baixar a guarda. Simplesmente não podemos relaxar neste momento. As leis que conduzem essas pressões ainda estão em vigor. As pessoas que têm interesses velados numa sociedade menos aberta podem estar num momento transitório de rearranjo político formal, mas os fundos de que dispõem continuam tão volumosos quanto antes. O pensamento estratégico não mudou e o objetivo agora é ganhar força para obter maioria permanente da próxima vez.[8]

Resta pouco tempo a todos nós — cidadãos americanos, republicanos, democratas ou independentes — para repelir essas leis e reverter as forças que podem causar o fim do sistema que herdamos dos Fundadores — um sistema que protegeu nossa liberdade por mais de 200 anos.

Eu escrevi esta advertência porque nosso país — a democracia que nossos jovens patriotas esperam herdar — está num processo de alteração para sempre. A história tem muito a nos ensinar sobre o que está acontecendo neste momento — tudo o que vem ocorrendo desde 2001 e o que pode vir à tona depois das eleições de 2008. Mas cada vez menos pessoas entre nós se dedicam a ler a respeito da história do século XX — ou sobre o modo como os Fundadores constituíram nossas liberdades para nos proteger das tiranias que eles sabiam que poderiam emergir no futuro. Estudantes do ensino médio, universitários, recém-formados, ativistas de todos os estilos de vida percebem que alguma coisa devastadora está em curso. Mas falta-lhes uma orientação sobre esses assuntos que ajude a juntar as peças. Por isso, para eles, é difícil perceber como a situação é urgente, menos ainda o que deve ser feito.

Nós, americanos, confiamos em ter liberdade ao nosso redor como confiamos em ter ar para respirar, por isso possuímos um entendimento limitado das fornalhas da repressão que os Fundadores conheciam intimamente. Poucos de nós gastamos algum tempo pensando sobre como "o sistema" que eles estabeleceram protege nossas liberdades. Gastamos ainda menos tempo considerando os métodos dos ditadores do passado para destruir democracias ou reprimir levantes democráticos. Nós achamos que nossa liberdade americana está garantida, do mesmo modo que consideramos garantidos nossos recursos naturais. Em ambos os casos, acreditamos, sem pensar, numa renovação mágica. Demoramos muito a perceber como são vulneráveis ambos os recursos — só quando os sistemas começaram a falhar.

Fomos lentos em aprender que a liberdade, como a natureza, requer que cuidemos dela para que continue a nos sustentar.

A maioria de nós só tem uma compreensão vaga de como as sociedades se abrem ou se fecham, tornam-se partidárias da liberdade ou governadas pelo medo, porque esse não é o tipo de história que nós conhecemos ou que nosso sistema educacional acredita que é importante conhecer. Outra razão para nossa ignorância sobre como a liberdade vive ou morre é que tendemos ultimamente a sublocar os deveres dos patriotas. Deixamos que os profissionais — advogados, acadêmicos, ativistas, políticos — se preocupem em interpretar a Constituição e proteger nossos direitos. Nós achamos que "eles" devem administrá-los, como quando contratamos um profissional para calcular nossos impostos. "Eles" devem governar, elaborar políticas, verificar se a democracia está de pé e funcionando, porque nós estamos ocupados com outras coisas.

Mas os Fundadores não pensavam nos deveres civis como exclusivos de homens e mulheres poderosos, distanciados dos cidadãos — nem em gente com interesses próprios, ou numa classe de profissionais da política. Eles pensavam que os deveres dos patriotas eram nossos: seus, meus, do americano que entrega nossa correspondência, daquele que ensina nossos filhos.

Eu sou um dos cidadãos que precisaram reaprender essas lições. Embora tenha estudado civismo, nosso sistema de governo me foi apresentado, como foi para você, como uma tediosa burocracia composta de três partes, não como um mecanismo gerado por uma experiência de autodeterminação humana emocionante, radical e totalmente sem precedentes. Meus professores explicaram que nosso sistema tripartite foi estabelecido com "freios e contrapesos", de modo que nenhum ramo do governo pudesse concentrar poderes demais. Não era muito interessante: soava como se os tais "freios e contrapesos" estivessem a serviço de uma guerra burocrática por recursos. Nossos professores fracassaram em nos explicar que o poder que os Fundadores restringiram em cada ramo do governo não é abstrato: é o poder de nos destituir de liberdades individuais.

Então eu precisei voltar a ler, mais profundamente do que o fiz na primeira vez, histórias de como nossos patriotas tiraram os Estados Unidos do caldeirão dos tiranos, assim como as histórias de como ditadores chegaram ao poder no século XX. Eu tive que reler as histórias da construção e da destruição da liberdade. Quanto mais eu lia essas histórias, mais perturbada eu ficava.

Eu lhe forneço as lições que podemos aprender de forma panfletária porque há uma crise que precisamos enfrentar.

Como todo americano, eu assisti aos acontecimentos do 11 de Setembro de 2001 com horror. Depois, como muitos, eu assisti às reações do governo primeiro com preocupação, depois com apreensão e depois, muitas vezes, com choque. Comecei a perceber que havia algo familiar no modo como os acontecimentos se desenrolavam.

Por causa da sensação de *déjà vu* que eu começava a sentir enquanto lia os jornais todos os dias, fui lembrando como líderes do passado esmagaram sociedades sobre as quais haviam ganhado controle. Eu observei com atenção especial o que acontece quando um líder provoca a transformação de uma sociedade pluralística e democrática numa ditadura.

ECOS HISTÓRICOS

Eu comecei a pensar nesses exemplos de "ressonâncias históricas" — não eram *provas* de que alguém na administração estudou os detalhes do fascismo e do totalitarismo no século XX, mas certamente eram indicações sugestivas.

O que havia de familiar na imagem de um bando de jovens vestidos com camisas idênticas gritando contra os mesários de um posto eleitoral da Flórida durante a recontagem de votos de 2000?[9] Quais foram os ecos das notícias[10] de que partidários de Bush no sul estavam organizando manifestações públicas para queimar CDs das Dixie Chicks?* (CDs na verdade são muito difíceis de queimar e produzem fumaça tóxica.) O que parecia tão familiar na cena de um grupo ideológico humilhando um acadêmico que deu uma opinião divergente — e depois pressionando o governo estadual para que o reitor demitisse o professor?[11] O que era tão reconhecível nas informações de que agentes do FBI estavam detendo militantes pacifistas em aeroportos?[12] Por que a noção de ser "saudado como libertador"[13] soava tão clichê e expressões como "escondido numa caverna"[14] ecoavam coisas já ouvidas?

Esses acontecimentos *pareciam* ter ressonâncias históricas porque de fato eles *estavam* inspirados em acontecimentos da história.

Ninguém pode negar a habilidade dos fascistas em moldar a opinião pública. Eu não posso provar que qualquer pessoa no

---

*As integrantes da banda country Dixie Chicks criticaram a invasão americana do Iraque em 2003 e atraíram a ira de partidários do presidente Bush. (*N. do T.*)

governo Bush tenha estudado o pensamento e os atos de Joseph Goebbels. Nem estou tentando. Tudo o que estou fazendo é apontar ressonâncias.

Enquanto você lê, pode notar outros paralelos — geralmente nos detalhes dos acontecimentos. O governo Bush criou uma norma pós-11 de Setembro a respeito de líquidos e viagens aéreas. Restrições cada vez maiores levaram seguranças de aeroportos a forçar alguns passageiros a ingerir líquidos: uma mãe de Long Island, por exemplo, teve de beber três garrafas cheias de seu próprio leite antes de embarcar num avião no aeroporto JFK.[15] Outros passageiros adultos foram obrigados a beber leites enriquecidos para bebês. Na era de Benito Mussolini, uma tática de intimidação era forçar cidadãos a beber vomitivos e outros líquidos.[16] Homens da SS alemã requintaram o método: fizeram Wilhelm Sollmann, um líder social-democrata, por exemplo, beber óleo de rícino e urina.[17] Claro que leites enriquecidos para bebês não são vomitivos. Mas agentes governamentais — alguns deles armados — forçando um cidadão a ingerir um líquido é uma cena nova nos Estados Unidos.

Em 2002, o governo Bush criou o "Departamento de Segurança da Pátria". Os porta-vozes da Casa Branca começaram a se referir aos Estados Unidos, pela primeira vez, como "a Pátria".[18] Os presidentes americanos até então falavam do país como "a nação" ou "a república", e as questões internas eram "domésticas".

Em 1930, propagandistas nazistas não se referiam à Alemanha como "a nação" ou "a república" — o que era —, mas como *"Heimat"*, "a pátria". *Pátria* é um termo descrito pela memorialista Ernestine Bradley, que cresceu na Alemanha nazista, como saturado de poder nacionalista: *"Heimat* é uma palavra alemã que não tem equivalente satisfatório em outras línguas. Ela denota a região em que alguém nasceu e à qual se mantém enraizado... Sentir falta da *Heimat* causa a doença incurável da *Heimweh* [nostalgia]."[19] O vice-Führer Rudolf Hess, ao apresentar Hitler num comício em Nuremberg, disse: "Graças a sua liderança, a Alemanha será a Pátria — para todos os alemães do mundo."[20] Um Departamento de Segurança Interna é simplesmente uma burocracia, sujeita a errar; mas um departamento de proteção à "Pátria" tem um outro tipo de autoridade.

Em 2001, o USA Patriot Act* permitiu ao governo federal obrigar médicos a entregar históricos confidenciais de seus pacientes sem um mandado que o justificasse. Suas conversas com seu médico estão agora sujeitas ao escrutínio do Estado.[21] (A legislação nazista da década de 1930 ordenava aos médicos alemães que revelassem ao Estado os históricos médicos dos cidadãos.)

Em 2005, a *Newsweek* informou que os prisioneiros de Guantánamo haviam visto o Corão ser despejado em vasos sanitários. Sob pressão da Casa Branca, a revista publicou uma correção. Não tinha entrevistado testemunhas diretas dessa prática.[22] Mas organizações de direitos humanos confirmaram relatos de abusos similares envolvendo o Corão.[23] (Em 1938, a Gestapo forçou judeus a limpar privadas com seus filactérios sagrados, os *tefilin*.)[24]

A Anistia Internacional informa que os interrogadores americanos atormentavam os prisioneiros no Iraque tocando heavy metal em volume máximo em suas celas dia e noite.[25] (Em 1938, a Gestapo infernizou o primeiro-ministro austríaco Kurt von

---

*Lei que amplia os poderes das forças de segurança com o propósito de combater o terrorismo. (*N. do T.*)

Schuschnigg, na prisão, deixando um rádio ligado em volume máximo, noite e dia.)[26]

Um grupo de direitos humanos iraquiano se queixou de que, em 2004, forças americanas sequestraram esposas inocentes de supostos insurgentes e as mantiveram como reféns para pressionar os maridos a se entregar.[27] (Na Rússia de Josef Stalin, a polícia secreta fazia o mesmo com as mulheres de dissidentes acusados de "traição".)[28]

Quando os Estados Unidos invadiram o Iraque, o vice-presidente Dick Cheney prometeu que seríamos "saudados como libertadores". (Quando o Exército alemão ocupou a Renânia, a propaganda nazista afirmou que as tropas seriam recebidas como libertadoras.)

O presidente Bush alegou que os prisioneiros da baía de Guantánamo podiam ser tratados duramente porque não eram beneficiários das Convenções de Genebra. (Os nazistas recomendaram aos soldados alemães na Rússia que tratassem o inimigo com brutalidade especial, porque eles não eram beneficiários das Convenções de Haia.)[29]

Depois do 11 de Setembro, a então assessora de segurança nacional Condoleezza Rice e o vice-presidente Cheney cunharam uma nova expressão: os Estados Unidos estavam agora em "pé de guerra".[30] Aparentemente, era uma escolha casual de palavras. Mas, se você pensasse no assunto, era também uma espécie *estranha* de escolha de palavras, já que os Estados Unidos não estavam de fato em guerra. O que é "pé de guerra"? (Líderes nazistas explicaram, depois do incêndio do Reichstag, que a Alemanha, que não estava de fato em guerra, estaria a partir de então em permanente *kriegsfusz* — literalmente, "pé de guerra").

A Casa Branca de Bush "embutiu" repórteres nas unidades militares americanas no Iraque. A falta de visão crítica da cobertura aumentou consideravelmente. (Agentes de propaganda nacional-socialista "embutiram" repórteres e equipes de câmera nas próprias Forças Armadas: a cineasta Leni Riefenstahl foi misturada às tropas nazistas na Polônia,[31] e o correspondente americano William Shirer entrou com as divisões alemãs na França ocupada.)[32]

O governo Bush despejou de aviões, durante a noite, caixões de soldados americanos mortos e impediu os fotógrafos de registrarem a cena.[33] (Os nacional-socialistas fizeram exatamente o mesmo.)

A Casa Branca anunciou, em 2002, que havia "células dormentes" de terroristas espalhadas país afora. Uma célula dormente, como a imprensa explicou, era um grupo de terroristas que se infiltrava na vida diária americana, esperando, talvez durante anos, o sinal para agir e causar destruição.

O FBI teria localizado uma célula dormente em Lodi, na Califórnia. Depois que um informante foi pago com centenas de milhares de dólares para espionar os muçulmanos da cidade, o FBI deteve dois homens, Umer Hayat e Haimid Hayat, pai e filho.[34] Os dois disseram ter confirmado a existência de uma célula dormente que na verdade não existia, só para interromper uma sequência de interrogatórios apavorantes.[35]

Outra célula dormente muito alardeada seria composta por quatro homens muçulmanos em Detroit. O ministro da Justiça, John Ashcroft, dizia que eles haviam tido conhecimento prévio do 11 de Setembro.[36] Integrantes do governo federal acusaram-nos de fazer parte de uma "célula dormente que planeja ataques contra americanos no exterior",[37] segundo relatos da imprensa.

O Departamento de Justiça anunciou que as prisões tinham sido uma das grandes vitórias da guerra contra o terror.

A expressão "célula dormente" penetrou profundamente no inconsciente dos Estados Unidos, tornando-se até tema de um filme feito para TV. Mas, em 2006, Richard Convertino, promotor do caso Detroit, foi indiciado sob acusação de tentar apresentar provas falsas no julgamento e de esconder as verdadeiras, numa manobra para sustentar a tese do governo sobre os réus. Todas as acusações contra os dois homens foram retiradas e o Departamento de Justiça silenciosamente retirou a acusação.[38] Mas você provavelmente não soube nada disso, e as arrepiantes histórias de células dormentes continuaram no ar para perturbar seu sono.

Célula dormente era algo de que a maioria dos americanos nunca tinha ouvido falar antes. É uma expressão da Rússia de Stalin, onde os propagandistas diziam que células constituídas de agentes do "capitalismo internacional" — isto é, nós — haviam sido enviadas pelo governo dos Estados Unidos para se infiltrar na sociedade soviética. Esses agentes secretos posariam de bons camaradas, vivendo tranquilamente entre seus vizinhos, apenas esperando o dia em que, dado o sinal, todos eles se levantariam para causar destruição.[39]

Quando o plano terrorista contra aviões destinados aos Estados Unidos foi descoberto em Londres em 2006, um funcionário do FBI deu uma declaração muito divulgada: "Se esse plano tivesse sucesso, o mundo pararia."[40] Os caras do FBI não costumavam falar em linguagem tão poética. (Sobre seus planos em 1940, Hitler disse: "O mundo vai prender a respiração.")[41]

Vale a pena atentar para essas ressonâncias — mas elas não são, essencialmente, tão importantes. O que *é* importante são os ecos estruturais que você encontrará: o modo como ditadores apoderam-se de democracias ou esmagam levantes democráticos invocando decretos de emergência que sufocam as liberdades civis, criando tribunais militares e criminalizando as opiniões discordantes.

Essas ressonâncias são importantes.

Eu li sobre a Itália de Mussolini na década de 1920; a Rússia de Stalin e a Alemanha de Hitler na década de 1930; sobre a Alemanha Oriental nos anos 1950, a Tchecoslováquia nos anos 1960 e o Chile em 1973, assim como sobre outras ditaduras latino-americanas; li sobre a China comunista nos últimos anos da década de 1980 e início dos 1990.

Os países que eu examinei eram muito diferentes, é claro, e os ditadores pertenciam a um amplo espectro de ideologias. Stalin impôs o totalitarismo num Estado comunista, que já havia sido construído sobre as ruínas de uma monarquia deposta. Tanto Mussolini quanto Hitler chegaram ao poder legitimamente, no contexto de democracias parlamentares frágeis. A Alemanha Oriental e a Tchecoslováquia eram sistemas comunistas, e a China ainda é; e o general Augusto Pinochet interrompeu a jovem democracia chilena com um clássico golpe de Estado latino-americano.

Todos os ditadores de todos os matizes políticos tomam as mesmas atitudes fundamentais. Controle é controle. Apesar dessa amplitude de diferenças ideológicas, há similaridades táticas profundas que saltam das páginas da história. Cada um desses líderes se utilizava, e outros ditadores ao redor do globo continuam a imitá-los, das mesmas atitudes para fechar sociedades abertas ou esmagar a oposição.

Há dez etapas no processo de sufocamento de uma democracia ou de destruição de movimentos democráticos. Elas foram adotadas por capitalistas, comunistas ou fascistas. As dez etapas juntas são mais do que a soma de suas partes. Uma vez que todas elas sejam postas em prática, cada uma amplia o poder da outra e do conjunto.

Pode parecer impossível, mas estamos vendo cada uma dessas dez etapas se consolidando nos Estados Unidos atualmente.

Já posso ouvi-lo dizer: Mas aqui é diferente!

Não existem garantias de que nos Estados Unidos seja diferente se os americanos não assumirem o dever do patriota.

Algumas vezes na nossa história nosso compromisso com a liberdade hesitou. O Alien and Sedicion Act de 1798 tornou crime criticar — "desrespeitar ou desacreditar" — o então presidente John Adams e outros líderes americanos. Mas Thomas Jefferson, quando tomou posse, anistiou os condenados com base nessas mesmas leis.

Durante a Guerra Civil, o presidente Lincoln suspendeu o direito ao *habeas corpus*, na prática declarando estado marcial em diversos estados: quase 38 mil americanos foram encarcerados por militares durante a guerra — muitos apenas por expressarem suas opiniões. Mas, quando a guerra acabou em 1865, a Suprema Corte arbitrou que o julgamento de civis por tribunais militares havia sido inconstitucional.

Em 1918, o líder sindical Eugene Debs foi preso por fazer um discurso sobre a Primeira Emenda. Foi sentenciado a dez anos de prisão. Centenas de outros ativistas foram vítimas de operações policiais.[42] Mas, depois que a Primeira Guerra Mundial terminou, a histeria acalmou.

Durante a Segunda Guerra Mundial, o Departamento de Justiça recolheu 110 mil nipo-americanos inocentes e confinou-os em campos de prisioneiros. Quando a guerra acabou, esses americanos inocentes também foram libertados.

O medo do comunismo levou a nação a tolerar os interrogatórios de McCarthy; mas o pêndulo voltou e o próprio senador Joe McCarthy foi condenado por seus colegas.

Estou descrevendo o movimento do "pêndulo" — segundo o clichê americano, "o pêndulo sempre retorna". Nós nos familiarizamos tanto com essa máxima que confiamos nela. Eis por que você tem tanta certeza de que "os Estados Unidos são diferentes". Mas o mecanismo depende de movimento contínuo. Nos Estados Unidos, até agora, os freios e contrapesos estabelecidos pelos Fundadores funcionaram tão bem que o pêndulo sempre conseguiu retornar. O bom funcionamento do sistema nos fez ficar preguiçosos. Confiamos demais nele, sem perceber do que um pêndulo precisa para funcionar: a engrenagem estável que permite o movimento e o espaço para isso, ou seja, liberdade.

O pêndulo já não pode operar como antes. Existem agora duas diferenças fundamentais entre esses exemplos passados e a situação que enfrentamos hoje.

Primeiro, como notaram Bruce Fein, da American Freedom Agenda, e o escritor Joe Conason, as guerras e as situações de emergência anteriores tiveram pontos finais. Mas o presidente Bush definiu como ilimitado o atual conflito com o terrorismo global. Essa é uma alteração permanente no horizonte constitucional.

A outra diferença entre esses exemplos e os dias de hoje é que, quando tempos sombrios se abateram anteriormente sobre os Estados Unidos, nós proibimos tortura, e o Estado de direito se manteve intacto. Como você vai ver, a tortura legalizada, combinada com os avanços contra o Estado de direito, muda tudo o que é possível.

Eu percebi algo de inédito na história de nossa nação e isso me levou a ler as histórias de vários exemplos de repressão estatal, incluindo os mais extremos.

Eu precisava incluir a Alemanha nazista no meu mapeamento de governos repressivos. Muitas pessoas ficam, compreensivelmente, abaladas emocionalmente quando o termo "nazista" ou o nome "Hitler" são introduzidos na discussão. Como alguém que perdeu parentes dos dois lados da família no Holocausto, conheço esse sentimento. Mas também sei que há uma espécie de pudor, uma regra tácita de que o nazismo e Hitler devem ser tratados mediante categorias autônomas.

Creio que esse pudor está na verdade nos impedindo de aprender o que precisamos neste momento. Acredito que honraremos a memória das vítimas do nazismo se tivermos a determinação de encarar as lições que a história — mesmo a mais assustadora — pode nos oferecer sobre a defesa da liberdade.

Ao analisar ditaduras brutais, incluindo a alemã, não estou comparando os Estados Unidos de 2007 à Alemanha nazista, nem Bush a Hitler. As duas nações e os dois líderes habitam mundos distintos. Não haverá nos Estados Unidos um golpe como a Marcha sobre Roma de Mussolini ou um massacre como a Noite dos Longos Punhais de Hitler. Mas algumas tendências emergentes têm conexão com o passado. Eu *estou* chamando sua atenção para importantes lições da história sobre como são frágeis as liberdades civis e como elas podem ser perdidas rapidamente. Eu lhe peço que controle sua compreensível aversão para me acompanhar e conhecer o material que tenho a lhe mostrar.

As dez etapas para a ditadura são básicas.

Em setembro de 2006, líderes militares desfecharam um golpe na Tailândia, que era uma ruidosa democracia. Em questão de dias, os líderes do golpe foram ticando cada uma das dez etapas, como se fosse uma lista de compras. Num certo sentido, era.

Eles dispuseram soldados armados em zonas residenciais, destituíram os parlamentares, sufocaram a imprensa livre, tomaram a televisão estatal, ameaçaram de prisão quem os criticasse, impuseram limites a viagens, restringiram os protestos e interromperam a legalidade parlamentar. A Tailândia se tornou um Estado policial em questão de dias.[43]

Estamos assistindo a cada uma das dez etapas sendo implantadas aqui nos Estados Unidos de hoje — mais silenciosamente, mais gradualmente e às vezes com mais elegância, mas cada uma delas está em andamento.

Meu sentimento de alarme vem de uma das lições claras da história: uma vez que certas garantias de equilíbrio entre os poderes são destruídas e certas instituições intimidadas, as pressões que podem transformar uma sociedade aberta em fechada evoluem para ataques diretos. Nesse ponto, os acontecimentos tendem a se desenrolar muito rapidamente, e chega-se a um ponto em que não há mais como retornar facilmente à situação anterior.

A virada fascista não se desenvolve como uma linha diagonal crescente e estável num gráfico. Ela opera pelo acúmulo de muitas atitudes simultâneas atacando a democracia, formando em seguida uma massa crítica — que o escritor Malcolm Gladwell chamaria de "ponto de inflexão". A pressão gerada por esse conjunto de ataques subitamente empurra a nação para uma realidade nova e degradante. O ponto de virada pode ser representado por linhas verticais — o momento em que prisioneiros perderam o direito ao *habeas corpus*, por exemplo — que então se estabilizam na nova normalidade nacional. A nação se adapta, e o processo recomeça naquele nível mais alto de opressão.

O que realmente me assustou em minhas leituras foi a previsibilidade que os acontecimentos adquirem uma vez que nos tornamos familiarizados com o esquema. No início de agosto de 2006, por exemplo, parecia uma boa aposta que a administração Bush logo iria utilizar a lei sobre prisioneiros que estava preparando para levar o Congresso a criar uma prisão fora dos limites da Constituição, na qual se pudesse praticar tortura. O objetivo foi alcançado em outubro de 2006. Em setembro, eu havia pensado na possibilidade de alguns dos primeiros prisioneiros a serem julgados em Guantánamo, de acordo com o novo sistema de comissões militares, serem brancos e anglófonos. De fato, isso aconteceu em abril de 2007. Também parecia provável que os porta-vozes da Casa Branca começariam a usar termos como *traição, espionagem, subversão* e *ajuda ao inimigo* para se referir a críticas, análises da imprensa, discordâncias e mesmo alguma distância em relação às metas da Casa Branca. Portanto, não foi surpresa quando o governo começou a instituir crimes de linguagem. Isso foi em maio de 2007.

Quando o escândalo dos procuradores federais* veio à tona em março de 2007 e ainda havia pouca informação sobre o

---

*O Departamento de Justiça demitiu nove procuradores federais inesperadamente. Investigações do Congresso indicaram que houve motivação partidária. (*N. do T.*)

assunto, eu estava lendo uma biografia de Goebbels e comentei com um amigo: "Aposto que os procuradores são de estados em que os dois partidos estão em situação de empate." Na semana seguinte, foi confirmado que era o caso da maioria deles. Minha suposição não se baseava em ciência avançada. Simplesmente tratava-se de um capítulo clássico no manual da virada fascista.

Tudo mudou nos Estados Unidos em setembro de 2006, quando o Congresso aprovou o Ato das Comissões Militares (MCA).[44] Essa lei criou uma nova realidade legal que anuncia o fim dos Estados Unidos se não tomarmos alguma atitude. Mesmo assim, a maioria dos americanos ainda não entendeu o que aconteceu a eles quando essa lei foi aprovada.

Ela dá ao presidente — qualquer presidente — a autoridade de construir um sistema judicial à parte para julgar "combatentes inimigos ilegais". Ela define vagamente tanto "tortura" quanto "apoio material a hostilidades". O sistema judicial criado pelo MCA prescinde das garantias básicas conferidas aos réus nos nossos sistemas legais internos, no nosso sistema judicial militar ou no sistema legal usado para julgar criminosos de guerra — os líderes nazistas gozaram de melhor proteção das liberdades civis do que esses "combatentes inimigos ilegais", assim como autores intelectuais de genocídios como Slobodan Milosevic. E pessoas acusadas pelo presidente (ou seus comandados) de serem combatentes inimigos ilegais estão proibidas de invocar as Convenções de Genebra, um tratado que representa a proteção judicial básica para todas as nações civilizadas. Os Estados Unidos assinaram as Convenções de Genebra e concordaram em obedecê-las. A atual negação nos distancia radicalmente de nossas tradições. Sob o MCA, o governo pode usar interrogatórios "coercitivos" para obter provas. Finalmente — e este talvez seja o ponto mais nocivo —, o MCA nega aos combatentes inimigos ilegais o direito de contestar a legitimidade de seu confinamento ou o tratamento que recebem. O MCA prevê as regras que os militares devem adotar. Será difícil, se não impossível, alguém quebrá-las.

Mas isso não é tudo. O presidente e seus advogados agora reivindicam a autoridade para acusar qualquer cidadão americano de ser um "combatente inimigo" e para definir genericamente tanto "tortura" quanto "apoio material". Eles conferem a si mesmos o direito de atribuir a qualquer membro do Executivo a prerrogativa de bater à porta de sua casa, sequestrar você no meio da rua ou capturá-lo quando estiver trocando de avião nos aeroportos de Newark ou Atlanta, vendá-lo e colocar tampões em seus ouvidos, levá-lo para uma cela numa prisão da Marinha, manter você em completo isolamento durante meses ou mesmo anos, adiar seu julgamento várias vezes e dificultar seus contatos com um advogado. O presidente reivindica a autoridade de orientar agentes para ameaçar você durante um interrogatório e de permitir que sejam incluídas em seu julgamento coisas que você confessou enquanto era submetido a maus-tratos.

O presidente se dá a autoridade de fazer qualquer uma dessas coisas para qualquer cidadão americano baseado apenas em seu arbítrio. Deixe-me repetir: o presidente afirma que pode fazer isso, mesmo que você nunca tenha cometido qualquer tipo de crime. Se ele disser que você é um "combatente inimigo", então é.

Grupos de defesa dos direitos humanos logo soaram o alarme, alertando para o que essa lei poderia significar para os muitos estrangeiros inocentes jogados no moedor das prisões afegãs e enviados a Guantánamo. Alguns líderes do Congresso fizeram advertências sobre os possíveis efeitos dessa lei sobre nossos soldados, se eles se tornarem prisioneiros de guerra. Mas a maioria dos cidadãos comuns não entendeu o que o Congresso fez — não apenas para as pessoas anônimas, morenas, possivelmente assustadoras, numa ilha distante, mas para eles mesmos. A maioria dos americanos continua sem entender.

Em setembro passado, preocupada com os argumentos legais apresentados pelo Departamento de Justiça, eu procurei um amigo que é professor de direito constitucional.

— O governo afirma que o presidente pode definir qualquer pessoa que quiser como um "combatente inimigo"? Isso inclui cidadãos americanos? — perguntei.

— Sim — ele respondeu.

— E argumenta que os tribunais devem acatar as afirmações do governo de que é permitido deter uma pessoa como combatente inimiga mesmo sem provas concretas?

— Sim.

— Então, isso significa que agora qualquer um de nós pode, por qualquer razão, ser capturado na rua e preso em isolamento durante meses sem ser interrogado?

— Sim.

— Então por que ninguém está denunciando isso tudo?

— Algumas pessoas estão. Mas muita gente provavelmente acha que pareceria maluquice — ele respondeu.[45]

– CAPÍTULO UM –

OS FUNDADORES E A FRAGILIDADE DA DEMOCRACIA

*Mas uma constituição de governo, uma vez desprovida de
liberdade, nunca poderá ser recuperada. A liberdade,
uma vez perdida, está perdida para sempre.*

JOHN ADAMS,
Carta a Abigail Adams, 7 de julho de 1775

Em 2007, para os cidadãos americanos, o próprio título deste livro deve ser absurdo. É impensável para a maioria e nós que algum dia haverá um "fim dos Estados Unidos" no sentido metafórico. Mas quando a memória é vaga em relação às táticas coercitivas de controle que operaram no passado é que as pessoas se tornam mais facilmente controláveis no presente.

Quando eu digo que o governo Bush usou táticas que ecoam outras utilizadas no passado, estou fazendo uma argumentação cautelosa. Você vai precisar examinar as ressonâncias que eu aponto e decidir sozinho o que fazer com elas. Sabemos que o vice-chefe da Casa Civil, Karl Rove,* persegue o objetivo de obter uma maioria permanente no Congresso. Essa meta será mais fácil de se consolidar no futuro se os tradicionais desafios que a democracia impõe ao poder forem fragilizados ou silenciados.

---

*Rove saiu do governo em agosto de 2007. (*N. do T.*)

Não vou insultar os republicanos dizendo que esse objetivo é de "uma maioria republicana permanente", embora Rove o tenha definido assim. A maioria dos americanos — republicanos, independentes ou democratas — é patriota e acredita na visão dos Fundadores. Eu tenho de supor que uma razão para esse ataque à democracia é assegurar o status de "maioria permanente" a um grupo muito menor, ou então a vários grupos menores, orientados por razões de poder e dinheiro: o grande poder representado pelo acesso a um Executivo que está levando à frente um projeto sem ser ameaçado pela vontade do povo e pelo vasto volume de dinheiro que começou a brotar de uma condição de contínua vigilância interna somada a hostilidades com prazo indeterminado no exterior.

AUTORITARISMO, FASCISMO, TOTALITARISMO: ALGUMAS DEFINIÇÕES

Algum desses termos é legítimo para esta discussão?

Eu fiz a escolha deliberada de usar os termos *tática fascista* e *virada fascista* para descrever o que está acontecendo nos Estados Unidos. Mantenho minha escolha. Não estou sendo exaltada nem mesmo persuasiva. Estou usando vocabulário técnico.

Os americanos tendem a ver a democracia e o fascismo como categorias totalmente excludentes. Mas não existe uma "democracia" pura e estática nas casas brancas do tabuleiro de xadrez e um "fascismo" puro e estático nas casas pretas. Em vez disso, há uma variedade de regimes autoritários e ditaduras e uma diversidade de Estados fascistas, da mesma forma que há democracias mais fortes e mais frágeis — e democracias com altos e baixos. Há muitos tons de cinza entre uma sociedade aberta e uma fechada.

O totalitarismo é, obviamente, o Estado mais escuro. Mussolini adotou o termo *totalitário* para descrever o próprio regime.[1] A filósofa política Hannah Arendt fala da era pós-Primeira Guerra Mundial e do "solapamento do regime parlamentar", sucedido por "todo tipo de tirania, fascista e semifascista, de partido único e ditaduras militares", culminando por fim no "aparentemente sólido estabelecimento de governos autoritários baseados no apoio das massas" na Rússia e na Alemanha.

Arendt vê a Alemanha e a Itália como variantes do mesmo modelo de totalitarismo. Ela define *totalitarismo* como um movimento de massas com uma liderança que requer "dominação total do indivíduo". Um líder totalitário, segundo seu ponto de vista, não enfrenta oposição — esta foi silenciada — e pode implantar o terror sem temer por si mesmo.[2]

Fascismo é uma palavra sobre cuja definição os cientistas políticos (e até os próprios fascistas) não concordam totalmente entre si. Embora Mussolini tenha cunhado o termo (derivado do feixe de varas, ou *fasces*, carregado por guarda-costas de autoridades na Roma antiga), alguns nazistas achavam que os italianos não eram suficientemente duros para serem classificados de verdadeiros fascistas. Umberto Eco falou de "Ur-fascistas" contemporâneos e outros críticos mencionaram "neofascistas" ou "subfascistas" ao se referirem a ditaduras violentas mais recentes que se utilizam de terrorismo de Estado e outros tipos de táticas de controle para subjugar a população e esmagar impulsos democráticos — sobretudo na América Latina.[3] A *Columbia Encyclopedia* define o fascismo como uma "filosofia de governo que glorifica o Estado e a nação e atribui ao controle do Estado todos os aspectos da vida nacional (...) Sua natureza essencialmente vaga e emocional facilita o desenvolvimento de variantes nacionais únicas, cujos líderes costumeiramente negam com indignação serem fascistas".[4]

Ao longo desta carta de advertência, vou usar o termo "virada fascista". É uma expressão que descreve um processo. Tanto o fascismo italiano quanto o alemão chegaram ao poder legal e gradualmente em democracias plenas; ambos usaram a legislação, pressões culturais, tortura e aprisionamentos injustificados progressivamente, para se consolidar no poder. Ambos se valeram de terrorismo de Estado para subjugar e controlar os indivíduos, não importa se eles apoiavam o regime ou não. Ambos eram raivosamente antidemocráticos, não como um aspecto secundário, mas como a base de suas ideologias, e ambos usaram a lei agressivamente para perverter e submeter a lei.

É a esse processo que eu me refiro quando falo em "virada fascista". Dois aspectos da maioria das definições de fascismo são relevantes aqui: *fascista* se refere a um sistema militarista que se opõe à democracia e procura, na ideologia e na prática, esmagá-la. E para isso o fascismo usa terrorismo de Estado contra o indivíduo. Quando falo de "virada fascista" nos Estados Unidos, estou falando de uma ideologia antidemocrática que usa a ameaça de violência contra o indivíduo para subjugar as instituições da sociedade civil, de modo que elas possam ser, por sua vez, submetidas ao poder do Estado.

Essa virada fascista se provou compacta, eficaz e exportável durante muito tempo depois que esses dois regimes chegaram ao fim com a Segunda Guerra Mundial. Se for emocionalmente muito avassalador pensar na Itália e na Alemanha, você pode considerar os destinos mais recentes da Indonésia, Nicarágua, Chile, Uruguai, Paraguai e Guatemala, que experimentaram terrorismo de Estado disseminado e o acionamento de muitas das dez etapas que eu descrevo, conforme os líderes tentaram subjugar o povo. Uma virada fascista ocasiona uma ditadura violenta num contexto em que a democracia poderia ter levado a nação à liberdade.

Alguns críticos, reagindo a um artigo em que eu descrevi a espinha dorsal dessa argumentação, disseram preferir o termo *autoritário* a *fascista*. Alguns escritores americanos usaram "autoritário" para se referir ao governo Bush. Em contraste, autoritário — o termo que Joe Conason usa, por exemplo, em seu profético livro *It Can Happen Here* [Isso pode acontecer aqui] — significa que um ramo do governo tomou o poder dos demais[5] (o *Concise Oxford Dictionary* define o termo como "favorecer, estimular, ou implantar obediência estrita à autoridade, em oposição à liberdade individual...").[6] A argumentação de Conason está inteiramente correta porque nos encontramos nesse ponto: em julho de 2007, os Estados Unidos já *têm* um executivo que está ignorando os controles dos outros dois ramos do governo.

Mas o autoritarismo tem muitas faces e com algumas a maioria das pessoas consegue conviver relativamente bem. Por exemplo, pode-se ter uma liderança militar num sistema autoritário convivendo com tribunais e imprensa relativamente independentes. De fato, as pessoas veem o autoritarismo como bastante atrativo em épocas consideradas de emergência nacional. O autoritarismo pode ser perfeitamente atraente quando comparado a certas opções. O grave perigo nos Estados Unidos é que a coisa não para por aqui.

Quando me refiro a outras sociedades, eu utilizo os termos *totalitarismo*, *fascismo* e *autoritarismo* se forem apropriados.

O terrorismo de Estado direcionado contra o indivíduo é o que diferencia um autoritarismo relativamente estável nos Estados Unidos da virada fascista de que estou falando. Teóricos como

Arendt e Zbigniew Brzezinski consideram o terror vindo de cima para baixo como o ponto central tanto do regime nazista quanto do soviético. Eles argumentam que foi o poder avassalador das polícias secretas como a Gestapo e a KGB que construiu o medo que encobriu essas sociedades.[7] Historiadores mais recentes focam no modo como a população nos sistemas fascistas e totalitários se adapta ao medo pela cumplicidade: segundo essa concepção, enquanto uma minoria de cidadãos é aterrorizada e perseguida, a maioria leva uma vida relativamente normal, à custa de reprimir a criticidade e de acompanhar em silêncio os atos de repressão violenta do Estado. Os autores de uma história oral da Alemanha nazista ressaltam que, por mais que pareça chocante, os regimes fascistas podem ser "bastante populares" para as pessoas que não estão sendo aterrorizadas.[8]

Ambas as perspectivas são relevantes neste caso: determinações de cima para baixo geram medo, mas quando os cidadãos fingem que não veem as atrocidades cometidas contra outros e sancionadas pelo Estado, contanto que acreditem estar seguros, uma realidade fascista encontra chão fértil para se enraizar.

FASCISMO AMERICANO?

> *Quando os Estados Unidos adotarem o fascismo,*
> *será chamado de antifascismo.*
>
> ATRIBUÍDO A HUEY LONG*

Os Estados Unidos já flertaram com o fascismo antes. Nos anos 1920, vários editores de jornais do país ficaram impressionados

---

*Huey Long (1893-1935) foi governador da Louisiana e senador pelo Partido Democrata. (*N. do T.*)

com a maneira com que o fascismo se coadunou com o capitalismo.[9] Nos anos 1930, quando os americanos estavam sofrendo de depressão econômica e agitação sindical, alguns líderes americanos observavam a ordem aparente que Mussolini e Hitler impuseram em suas nações anteriormente caóticas e desesperadas e se perguntavam se uma política de "homem forte" serviria à nação melhor do que nosso próprio sistema fustigado. Como a historiadora Myra MacPherson coloca, "nos anos 1930, havia apoio alarmante a Hitler [nos Estados Unidos], com uma proliferação de camisas-negras ao estilo americano..."[10] O fascismo americano da década de 1930 ostentava muitos seguidores, demagogos nacionalmente conhecidos, e até contou com celebridades como o aviador Charles Lindbergh, um dos americanos mais famosos daqueles tempos.

Alguns comentaristas da época consideravam a possibilidade de que demagogos pudessem capitanear um movimento de extremo patriotismo como os da Itália e da Alemanha. Em 1935, o jornalista militante I.F. Stone comparou o desmantelamento da democracia operado por Huey Long na Louisiana com a legislação hitlerista que dissolveu os governos regionais independentes.

Em 1939, o autor James Wechsler escreveu: "Havia medo genuíno de que um movimento fascista tivesse finalmente se enraizado em Nova York", onde arruaceiros reacionários estavam promovendo lutas de rua antissemitas inspiradas nas ações da juventude na Alemanha.[11] Outros intelectuais americanos pensaram que era a hora certa de desenvolver uma mística fascista eles mesmos e começaram a fazer isso.

O interesse americano no fascismo era suficientemente visível para que o popular escritor Sinclair Lewis o satirizasse em seu clássico de 1935 *It Can't Happen Here* [Isso não pode acontecer aqui]. Lewis, como Conason nota eloquentemente, mostrou passo a passo o caminho pelo qual um golpe fascista *poderia* teoricamente "acontecer aqui". Embora muitos zombassem da premissa de Sinclair em 1935, muitos outros leram sua fábula como uma advertência e pensaram mais seriamente sobre os perigos que o fascismo americano representava. Foi saudável para os americanos daquele tempo imaginar o pior que poderia acontecer se a nação escolhesse continuar se seduzindo pelo fascismo.

O QUE É LIBERDADE?

"Este é um país livre", qualquer criança americana diz. É uma garantia confortável que esse mesmo americano carrega consigo quando cresce. Nós dificilmente consideramos que essa frase chegou a essa criança a partir de discussões a favor da liberdade que remontam, através de gerações, a filósofos ingleses e franceses do tempo do Iluminismo. Eles estavam tentando definir como um "país livre" poderia ser — mesmo que vivessem ou tivessem acabado de sair do domínio de monarcas arbitrários e violentamente abusivos.

Tendemos a achar que a democracia americana é algo eterno, sempre renovável, e capaz de resistir a todos os ataques. Mas os Fundadores nos veriam como perigosamente ingênuos, para não dizer preguiçosos, por enxergar a democracia dessa forma. Essa visão — que consideramos patriótica — é exatamente oposta à que eles tinham. Eles não considerariam nossa atitude patriótica — nem mesmo americana. Os Fundadores pensavam, ao contrário, que eterna era a *tirania*, sempre renovável, e capaz de resistir a todos os ataques, enquanto a *democracia* era difícil, individualmente exigente e de uma fragilidade evanescente. Os Fundadores não viam os americanos como especiais em nenhum sentido. Eles viam os Estados Unidos — isto é, o processo da liberdade — como especiais.

De fato, os homens que se arriscavam a ser enforcados para fundar esta nação, e as mulheres que arriscaram as próprias vidas para apoiar essa experiência de liberdade, e que fizeram o que podiam para que ela avançasse, temiam profundamente o que nós chamamos de ditadura. Eles a chamavam de "tirania" ou "despotismo". Era o fantasma que os rondava — e todos eles sabiam disso — quando os americanos discutiam a Constituição e a forma final da Declaração de Direitos.

O contexto da elaboração dos documentos nos quais se apoiava o novo governo nacional não teve lugar como nós aprendemos — num terreno ensolarado de confiante assertividade em relação à liberdade. Esse cenário é uma recriação, ao estilo de cartões de felicitações, do verdadeiro espírito daqueles tempos e do clima que cercava os debates. A atmosfera em que os primeiros americanos discutiram a proposta de Constituição e a Declaração de Direitos foi, ao contrário, de grave apreensão.

Porque os Fundadores compartilhavam com o resto da população que esperava o resultado de seus trabalhos um pavor do que quase todos eles — federalistas e antifederalistas — viam como o perigo real de uma força tirânica em ascensão nos Estados Unidos. Essa força repressiva poderia tomar várias formas: a de um Congresso predador que oprimisse o povo, a de um Executivo fora de controle ou mesmo a do povo em si, oprimindo cruelmente uma minoria.[12] A Constituição e a Declaração de Direitos foram estabelecidas não como uma bandeira, mas como uma fortificação: um conjunto de barreiras contra o que os Fundadores e seus compatriotas viam como uma tendência humana natural de oprimir o outro se seus poderes não forem fiscalizados.

O que aparecia regularmente nas várias discussões durante a redação da Constituição e da Declaração de Direitos era o medo generalizado de um Executivo sem fiscalização.[13] Não é de surpreender que aqueles patriotas temessem tão profundamente um único homem investido de poder excessivo. Eles tinham acabado de se libertar do jugo de Jorge III, um monarca abusivo, para não dizer um doente mental.

Os Fundadores, eles mesmos, fugiram de sociedades repressivas ou eram filhos ou netos de pessoas que haviam fugido. As colônias americanas foram estabelecidas por pessoas — puritanos, quacres e outros — que haviam fugido de países nos quais eram presos e torturados por atividades como reunir-se em grupos para orar, ou por frequentar certas igrejas, ou por publicar panfletos com críticas ao rei ou ao Parlamento. Os Fundadores sabiam por experiência própria como a Coroa tratava aqueles que falavam em democracia (isto é, "sedição"). Eles sabiam tudo sobre delitos de opinião, prisões arbitrárias e até mesmo julgamentos encenados. Tinham que contar pessoalmente com o risco de tortura e assassinato sancionados pelo Estado. Cada um dos homens que assinou a Declaração de Independência poderia ter sido enforcado se as colônias tivessem perdido a revolução.

Quando Thomas Paine escreveu *Senso comum*, o pequeno livro que ajudou a iniciar a grande revolução, ele se arriscou a ser enforcado pela Coroa Britânica, por traição. Na verdade, a Coroa acusou Paine de sedição por ter escrito outro livro, *Os direitos do homem.* Ele foi julgado por um júri escolhido a dedo pelo governo que ele havia atacado — um júri para condená-lo. Os procedimentos foram uma zombaria do Estado de direito. Apesar da brilhante defesa feita por seu advogado, uma testemunha disse que "o júri venal (...) sem esperar nenhuma resposta, ou alguma conclusão do juiz, declarou [Paine] culpado. Poucas vezes se ouviu falar de um caso de corrupção tão infernal". O editor de Paine foi arrastado para a prisão acorrentado.[14]

Prisão arbitrária, intimidação pelo Estado e tortura eram táticas de monarcas tirânicos da Inglaterra do século XVIII — táticas que os Fundadores procuraram banir do solo americano para sempre. A rebelião dos Fundadores neste continente pretendia criar sistematicamente uma nação livre — o que quer dizer, fundamentalmente, livre desses males.

Nas faculdades com currículos progressistas, os Fundadores muitas vezes são retratados como "homens brancos mortos" cuja visão era imperfeita, que negavam os direitos civis às mulheres e aos pobres e que definiam um escravo africano nos Estados Unidos como três quintos de uma pessoa, velhos de peruca que escreveram declarações em linguagem mofada que nos parecem obscuras e que apresentam sentimentos tão óbvios que se tornaram clichês ("... vida, liberdade e a busca de felicidade...").

Eis o que não nos ensinam: essas palavras, no tempo em que foram escritas, eram eletrizantemente subversivas. Se você as entender de verdade agora, ainda são. Aqueles homens e mulheres que os apoiavam estavam penetrando em território desconhecido — apostando nas capacidades dos cidadãos comuns — mais do que qualquer pessoa na história da humanidade. Você não aprende — e isso é lamentável — que aqueles homens e mulheres eram radicais na busca de liberdade; que eles tinham uma visão da igualdade que era um tapa na cara da noção que o resto do mundo tinha de uma ordem das nações imutável e dada por Deus. Estavam dispostos a morrer para tornar essa visão avançada uma realidade para pessoas como nós, que eles não sobreviveriam para conhecer.

Não lhe ensinam que o modo como eles criaram a nação mais livre do mundo foi lendo apaixonadamente sobre as democracias nascentes do passado. Foi utilizando a imaginação diretamente contra as violentas repressões de que eles fugiram. E foi criando, delicadamente, cuidadosamente, um mecanismo de freios e contrapesos e uma Declaração de Direitos que protegeria essas extremas manifestações de liberdade. Os Fundadores se dispuseram a provar que pessoas comuns poderiam ser investidas elas mesmas da missão de governar, num Estado onde ninguém poderia detê-las arbitrariamente, confiná-las ou torturá-las.

Vivendo contra o pano de fundo de repressão violenta, esses homens e mulheres viram a democracia que eles procuravam estabelecer e os freios e contrapesos que a protegiam como necessitados de dedicação contínua contra tiranos potenciais *nos Estados Unidos* que poderiam querer subjugar *os americanos*.

A reação inicial de Thomas Jefferson à proposta de Constituição foi negativa, porque, como disse em carta a James Madison, ele temia a possibilidade de ascensão de um tirano americano: "(...) imperadores romanos, papas, imperadores germânicos, deis dos territórios otomanos e reis poloneses — todos foram escolhidos de alguma forma." De fato, o historiador Bernard Bailyn avalia que "o medo do poder — o coração mesmo da ideologia original da revolução — era o espírito animador por trás de todo o pensamento [de Jefferson]".[15]

Jefferson não estava sozinho, entre os membros da geração revolucionária, no temor de um déspota americano. Depois da publicação da proposta de Constituição em 1787, os críticos compartilharam sua apreensão. Eles temiam o poder de celebrar acordos do presidente, porque se preocupavam com a possibilidade de ele fazer barganhas em segredo. Eles se preocupavam com seu poder de tomar certas decisões sem a maioria de dois terços no Congresso, porque temiam que poderia fazer o que quisesse com esse poder. Eles argumentavam que um Executivo americano não estaria imune às tentações despóticas, tanto quanto um Congresso não fiscalizado.[16]

Os autores de O federalista — Alexander Hamilton, James Madison e John Jay — escreveram essa série de ensaios para ajudar a dar confiança a seus compatriotas. Fizeram isso explicando que a complexa rede de tensões que eles propunham — aqueles "freios e contrapesos" — evitaria que uma pessoa ou um grupo unido "por um interesse ou por uma paixão comum" destituísse os direitos de outros. Hamilton, Madison e Jay não achavam que essa rede fosse autossustentada. Eles acreditavam que o mecanismo delicado de interdependência dos ramos Executivo, Legislativo e Judiciário era apenas tão confiável quanto o caráter das pessoas que o protegiam ou o negligenciavam. Eles viam todas as pessoas como corruptíveis e, por isso, criaram o sistema para impedir qualquer um de ter poder ilimitado.[17]

Para a geração revolucionária era evidente que, se o frágil mecanismo se desequilibrasse, também os líderes americanos — é claro — recorreriam à brutalidade. Estamos tão longe da tirania vivenciada pelos primeiros patriotas da nação que não só esquecemos essa percepção crucial como nem nos lembramos de considerar quão óbvia ela era para os pais e mães de nosso país.

Os Fundadores não esperavam que cochilássemos ou ficássemos preguiçosos. Eles contavam conosco para manter intacta a rede do precioso sistema, de modo que um déspota americano nunca se elevaria. Eles confiavam que nós cuidaríamos da liberdade como eles fizeram.

O preço da liberdade, entendia a geração que discutiu e criou a Constituição, é a eterna vigilância.

A FORÇA E A FACILIDADE DA DITADURA

Há também um processo reverso que sistematicamente sufoca a liberdade.

Muitos americanos têm uma noção impressionista de que Mussolini e Hitler chegaram ao poder apenas por meio da violência. Mas ambos chegaram ao poder legalmente em democracias plenas; ambos fizeram uso do próprio sistema parlamentar para subverter e reordenar o Estado de direito, e cada um deles rapidamente, legalmente, agregou o grosso do poder do Estado na própria pessoa. Ambos eram apoiados por intelectuais sofisticados e cientistas políticos que defendiam a ideia de que o processo democrático enfraquecia a nação num tempo de crise.

Todos os ditadores invocam uma ameaça externa, desenvolvem uma força paramilitar, criam um sistema prisional secreto, vigiam cidadãos comuns, prendem-nos e soltam-nos arbitrariamente, assediam agrupamentos de cidadãos, perseguem e acusam de dissidência escritores, artistas e outras personalidades-chave, intimidam a imprensa, qualificam oposição de "traição" e as opiniões críticas de "espionagem" e, mais cedo ou mais tarde, subvertem o Estado de direito.

Infelizmente, a história demonstra que uma sociedade livre é difícil de sustentar, mas relativamente simples de sufocar.

As mesmas dez etapas fecharam democracias em todo o mundo e em muitas ocasiões diferentes. E essas etapas não são segredo. Afinal, Mussolini estudou Lenin,[18] Hitler estudou Mussolini,[19] Stalin estudou Hitler,[20] os líderes comunistas chineses estudaram Stalin e assim por diante. De fato, os Estados Unidos ajudaram a desenvolver um centro de treinamento, a Escola das Américas (agora rebatizada de Western Hemisphere Institute for Security Cooperation), para treinar vários líderes pró-capitalistas latino-americanos na teoria e na prática da ditadura violenta.[21]

Os Estados Unidos em 2007 se comparam à Itália em 1922 ou à Alemanha em 1933, à Tchecoslováquia em 1968, ao Chile em 1973 ou à China em 1989? Não. Mas durante os últimos seis anos estivemos assistindo aos Estados Unidos caminhando para se tornar uma sociedade mais fechada.

A APARÊNCIA DE NORMALIDADE NO INÍCIO DE UMA VIRADA FASCISTA

É fácil olhar em volta nos Estados Unidos de 2007 e escolher acreditar que esta advertência é exagerada. Afinal, estamos, de modo geral, fazendo o que sempre fizemos no dia a dia. Navegamos num mundo vibrante pela internet, circulamos por centenas de canais de TV, nos divertimos com filmes de Hollywood, lemos best sellers que apresentam todo tipo de opinião do universo político. Os tribunais estão apresentando suas decisões, os jornais publicam furos, passeatas contra a guerra estão sendo organizadas, uma corrida presidencial está em curso.

Mas há um grande número de exemplos de uma virada em direção a uma realidade ditatorial em que, por vários anos, enquanto as instituições básicas da liberdade estão sendo visadas e os direitos estão se erodindo, a vida diária ainda parece muito normal — até mesmo, para muita gente, agradável.

Os americanos tendem a imaginar uma virada para o fascismo em quadros assustadores: as botas na escada, alguém batendo à porta no meio da noite, as colunas em marcha, as bandeiras tremulando sobre as ruas das cidades, um filme de Leni Riefenstahl passando o tempo todo, ou um ambiente de terror incessante com fumaça de crematórios ao fundo. Estamos tão acostumados a ver representações dos aspectos mais chocantes das sociedades totalitárias — os gulags, os campos de extermínio — que não prestamos muita atenção ao fato de que em geral houve um processo cumulativo que levou essas sociedades a se tornarem os lugares onde essas coisas acontecem.

A ideia de que o fascismo parece desde o começo um campo de concentração de dimensões nacionais, em vez de uma sociedade relativamente normal, pode ser confortadora diante de um argumento como o meu. É natural desejarmos que as duas realidades sejam tão categoricamente diferentes, porque isso reforça a crença de que, é claro, "isso não poderia acontecer aqui".

Mas, enquanto os pretendentes a ditadores começam a consolidar o poder, treinando suas pontarias num ambiente democrático, as coisas acontecem de um modo bem rotineiro nos tempos iniciais. Durante essa época, o horror, como disse W.H. Auden, está normalmente em outro lugar, fazendo vítimas enquanto as outras pessoas estão cuidando de suas rotinas diárias. Os camponeses italianos celebraram suas festas da colheita em

1919 em Nápoles enquanto os *arditi* de Mussolini estavam espancando sangrentamente os comunistas de Milão.[22] O jornalista Joseph Roth, colunista-estrela do *Frankfurter Zeitung*, publicou reluzentes relatos sobre a vida noturna e o estilo urbano alemães, sobre arquitetura e vanguarda. Ele e seus colegas insistiam na última moda e descreviam os bares mais badalados. Enquanto Roth negava o antissemitismo nas páginas do jornal, Hitler fortalecia o poder em torno de si mesmo.[23] Victor Klemperer, um professor judeu de literatura francesa que manteve um diário durante a ascensão e a queda do Terceiro Reich, cuidou do jardim, fez consertos em seu carro, bateu papo com seus vizinhos nazistas, foi ao cinema com a mulher, mesmo quando começou a se preocupar com a perseguição, as prisões, o roubo de propriedades e as novas leis discriminatórias, até mesmo quando ele já estava certo da catástrofe inevitável.[24] É assim que as pessoas vivem.

As luzes néon estavam brilhando nas portas dos clubes de Viena enquanto acontecia a anexação da Áustria pela Alemanha, o *Anschluss*. Os relatos de viagem britânicos sobre a Itália e a Alemanha da década de 1930 mostram alegres fascistas compartilhando um belo vinho Marsala com os escritores numa osteria. Mais recentemente, no dia seguinte ao golpe militar de 2006 na Tailândia, turistas posavam para fotos ao lado de guardas armados e banhistas ainda estavam na praia.[25] A maioria dos turistas não se preocupou em voltar para casa mesmo depois que a lei marcial foi imposta. Cenas assim mostram que os contemporâneos frequentemente experimentam uma versão mais amena dos acontecimentos do que vai revelar a história a ser escrita no futuro. É como se a sociedade continuasse a fazer festa no andar de cima enquanto os alicerces da casa desmoronam a seus pés.

Inicialmente, a Alemanha nazista não pareceria, na surperfície, tão irreconhecível para nós: os alemães, ainda por algum tempo, contavam com um Judiciário independente e com advogados — até mesmo os defensores de direitos humanos; viam jornalistas trabalhando — até mesmo os satiristas políticos, ouviam críticas aos nazistas nos cabarés e nos teatros, e os professores continuavam ensinando o pensamento crítico. Havia centenas de jornais de todos os matizes políticos, havia organizações feministas, ativistas pelo direito ao aborto, instituições de educação sexual, até organizações pelos direitos dos homossexuais. Esses tipos de agremiações da sociedade civil seriam "remodeladas" com a ideologia nazista ou simplesmente extirpadas, mas, quando a virada começou a acontecer, as coisas muitas vezes tinham a aparência — superficial — de uma sociedade aberta moderna.[26]

Mesmo com o jogo avançado, ditaduras violentas mantêm muitos dos paramentos de uma sociedade civil. É uma questão de honra. O que elas não têm — e todos que trabalham na imprensa, no Judiciário, nas universidades, no teatro, no sistema eleitoral, e assim por diante, conhecem as regras sobre isso — é liberdade.

Os americanos não viram isso, mas outros países que experimentaram ditaduras dentro ou perto deles, sim. Jornalistas no Brasil e na Argentina sabem exatamente qual a diferença entre publicar um jornal em regime de liberdade e publicar o mesmo jornal com alguém os vigiando sobre os ombros. O desconhecimento do fato de que uma ditadura pode ser cumulativa nos deixa terrivelmente vulneráveis neste momento. Mesmo americanos cultos pensam que, se a imprensa está publicando e o Congresso está legislando, tudo vai bem; mas essas coisas muitas vezes funcionam até o ponto sem volta no processo de sufocamento de uma democracia — e continuam funcionando, de forma neutralizada, mesmo depois que a ditadura se estabelece.

Uma virada rumo à ditadura não precisa se desenrolar num cenário de pessoas sendo levadas a fornos crematórios. Historicamente, isso só aconteceu uma vez e foi menos de uma década depois que os nazistas conquistaram o poder. Uma ditadura violenta quase nunca tem essa aparência. De início, simplesmente vemos pessoas pesando suas palavras. No ponto de virada, pode-se simplesmente saber de algumas histórias de gente presa por "traição" ou um punhado de acusações de "espionagem" — enquanto turistas ainda acorrem aos monumentos e as celebridades estão sendo fotografadas nas casas noturnas.

Não corremos o perigo de um golpe militar. Mas versões genuinamente americanas das mesmas etapas que todos os ditadores adotaram ainda podem criar um país em que todas as nossas instituições estejam intactas — mas funcionando fragilmente; em que os cidadãos tenham em teoria o direito de discordar, e alguns o façam em silêncio, mas a maioria tem medo de exercer esse direito plenamente; em que a imprensa está subjugada, a oposição fala mansamente e as pessoas hesitam em expressar suas opiniões verdadeiras porque elas podem custar-lhes o emprego ou pior. Não seria Munique em 1938, mas seriam os Estados Unidos com uma cultura diferente daquela que nos acostumamos como sendo um direito nato: o pêndulo ainda existirá, mas a vontade do povo não poderá movê-lo mais do que levemente.

Ainda temos tempo de reverter a maré. O que não temos é tempo ocioso. Dois movimentos de cidadãos à esquerda e à direita começaram simultaneamente a construir um movimento essencialmente democrático nos Estados Unidos: a American Freedom Agenda e a American Freedom Campaign estão tentando despertar a nação para esses perigos e transformar cidadãos em pessoas que assumem o encargo de defender a nação. A AFA criou um pacote legislativo para rejeitar ou modificar leis restritivas e restaurar a liberdade. Precisamos reverter as leis associadas à abertura da porta para a escuridão.

Se falharmos em agir, poderemos estar diante de um país em que ainda teremos os jogos de futebol de sexta-feira à noite e os fogos de artifício do 4 de Julho, o Wal-Mart e a Food Network e a estátua da Liberdade — mas um país em que as pessoas que publicam informações sigilosas são presas, e as pessoas que são presas podem não ser mais as mesmas ao sair da prisão; um país com os mesmos programas de TV e videogames e até mesmo o calendário eleitoral — mas um país em que você pode perder o emprego se disser a um colega que votou contra a corrente; um país que na superfície parece ser o que sempre foi — mas no qual não teremos mais liberdade.

Poderia facilmente se tornar um país mais silencioso e amedrontado. E uma coletividade americana silenciosa e amedrontada significa o fim dos Estados Unidos que os Fundadores criaram.

Por pouco tempo ainda, temos o poder de impedir que isso aconteça.

– CAPÍTULO DOIS –

INVOCAR AMEAÇAS INTERNAS E EXTERNAS

*O medo é o alicerce da maioria dos governos, mas é uma paixão tão
sórdida e brutal, subjugando os homens e reinando em seus peitos,
estúpida e infeliz, que os americanos provavelmente nunca
aprovarão uma instituição política baseada nela.*

JOHN ADAMS

Depois do 11 de Setembro de 2001, nós americanos aprendemos, de modo drástico e inédito, que estávamos encarando uma ameaça externa aterrorizante. Isso estava evidente
na carnificina no sul de Manhattan, mas o governo também se
utilizou de um novo conjunto de expressões que revelava uma
nova realidade. "Malfeitores" que nos invejavam e odiavam nossa
liberdade estavam determinados a nos aniquilar. Em outubro
de 2001, o Usa Patriot Act — que no fim, quando se tornou lei,
superava 400 páginas — passou com urgência no Congresso. Os
congressistas o aprovaram esmagadoramente — embora muitos tivessem dito que mal o haviam lido. Alguns observaram que
pareceria antipatriótico hesitar em aprovar a lei.[1]

A retórica da Casa Branca detalhava a natureza supera-
brangente da ameaça terrorista; tratava-se de um "eixo do mal"
("eixo" é um termo cunhado por Mussolini; em 1936 ele apresentou pela primeira vez a representação de um eixo como sím-

bolo da colaboração entre os Estados fascistas).[2] Em março de 2003, com a invasão do Iraque, era comum entre os porta-vozes do governo se referir aos terroristas muçulmanos como "o mal". (Nossos aliados, dizia a Casa Branca, eram os países da "Nova Europa" — uma expressão que Hitler cunhou para se referir aos poderes do Eixo.)

Em 2006, Bush estava comparando Osama bin Laden a Lenin e a Hitler. Bin Laden significava uma "ameaça à civilização".[3] A Casa Branca criou o termo *islamofascismo* para transmitir a ideia de que esse inimigo global, sempre crescente e sempre mutante, pretendia nos escravizar completamente.[4] Bush disse que agora estávamos engajados numa "guerra ao terror" global. Essa guerra era infinita no tempo e no espaço, sem um ponto final em que pudéssemos dizer "vencemos" ou "fomos derrotados". Os "malfeitores" querem um "califado global", e o campo de batalha é o mundo inteiro. Michael Gerson, o autor dos discursos de Bush, escreveu um artigo para a revista *Newsweek* que invocava um espectro: os terroristas representantes do "fascismo islâmico" procuram tecnologias para transformar "o Islã radical num poder global, causando nova matança numa escala inimaginável".[5]

Todos aqueles que procuram sufocar uma sociedade aberta invocam uma ameaça externa aterrorizante. Por que é tão importante para tais líderes fustigar a população com esse tipo de terror?

Cidadãos livres não vão abrir mão da liberdade por muitas razões, mas é da natureza humana estar disposto a negociar a liberdade em troca de segurança. Antes de 1922 na Itália e 1933 na Alemanha, os cidadãos dos dois países sofriam com a violência nas ruas e trabalhavam em cenários econômicos devastados pela inflação e pela guerra.[6] Tanto na Itália como na Alemanha, muitos cidadãos vieram a se sentir aliviados quando os fascistas subiram ao poder porque acreditavam que a ordem seria restaurada.

Mas não estamos enfrentando desordem nas ruas nem uma grande depressão econômica aqui nos Estados Unidos atualmente. É por isso que é tão insidioso o sucesso que o governo Bush teve em invocar "o islamofascismo". Temos nos mostrado dispostos a negociar nossa liberdade essencial por um prometido Estado de segurança apesar de vivermos em condições de ampla estabilidade, fartura e ordem social. Isso é um feito na história das vitórias fascistas. Ninguém nunca tinha ouvido falar em destituir as pessoas de liberdades elementares numa atmosfera de equilíbrio burguês. É preciso uma poderosa mistificação.

Todos os líderes fascistas contam aos cidadãos a história de uma ameaça global que é o próprio mal encarnado. "Os fascistas precisam de um inimigo demonizado para mobilizar seus seguidores na luta contra ele", escreve o cientista político Robert O. Paxton em *The Anatomy of Fascism* [Anatomia do fascismo]. Cada cultura, diz ele, identifica seu próprio inimigo nacional.[7] Paxton ressalta que, uma vez identificado o inimigo, as elites criam mitos insuflando os medos que começam a acometer a população quando em contato com esse "outro". O "inimigo" é funcional: o que importa a um líder fascista não é *se livrar* do inimigo, mas antes *manter* um inimigo.[8] (Porque é isso o que realmente conta; Arendt aponta que o status de "inimigo" pode ser passado de um grupo para outro; depois de subjugar o "inimigo" representado pelos judeus, os nazistas começaram a demonizar os poloneses.)[9]

Não há razão para que o inimigo externo não seja real. O terrorismo internacional apontado contra o Ocidente é real até demais. É comum os líderes fascistas invocarem uma ameaça com elementos de verdade em sua base — mas uma verdade distorcida de acordo com seus interesses. Líderes fascistas, escreve Paxton, não desenvolvem tanto uma teoria, mas uma "atmosfera" que desperta o que ele chama de "paixões mobilizadoras" da população: "Basicamente, é um nacionalismo apaixonado", ele afirma. "Aliado a ele, há uma visão conspiracional e maniqueísta da história como uma batalha entre os campos do bem e do mal, entre o puro e o corrupto, na qual nosso grupo ou nossa nação foi vitimado." Paxton argumenta que essas atitudes constituem "o caldo emocional do qual nascem os alicerces do fascismo". Entre os temas que as elites fascistas desenvolvem quando estão criando um sistema autoritário estão:

- Uma noção de crise avassaladora, fora do alcance de todas as soluções tradicionais.
- A crença de que o nosso grupo é a vítima, um sentimento que justifica qualquer ação, sem limites legais ou morais, contra o inimigo, interno e externo.
- A superioridade dos instintos do líder em relação à razão abstrata e universal.[10]

Os líderes fascistas invariavelmente descrevem essa ameaça externa como global, impura, sorrateira, capaz de assumir camuflagens "inofensivas" que permitem a seus membros se infiltrarem na sociedade. Eles sempre retratam esse inimigo como amparado por poderosos financistas internacionais que operam de maneira subterrânea e como sendo capazes e dispostos a destruir tudo o que os membros daquela sociedade consideram mais precioso. A ameaça é descrita como a Hidra de Lerna: se você cortar fora uma de suas cabeças, duas outras crescerão no lugar.

Os fascistas italianos usaram essa tática. Em 1919, eles alertaram: "Onde antes havia inimigos externos, agora há adversários internos. De um lado, verdadeiros italianos, que amam seu país. De outro, seus inimigos, os covardes que querem fazer voar pelos ares nossa grandeza nacional." Em 1922, um jornal fascista exortou as mulheres italianas a se acostumarem com banhos de sangue cometidos pelos *arditi*, porque os esquadrões da morte eram necessários para resgatar a Itália da "besta bolchevique".[11] A fabricação de mitos pelos fascistas italianos superdimensionava problemas reais que a Itália estava realmente enfrentando.

Também a Alemanha de Weimar encarava perigos óbvios: não uma conspiração judaica, claro, mas crises múltiplas. O Tratado de Versalhes humilhou militares veteranos e eviscerou a base industrial da nação; a inflação era desenfreada, assim como os crimes violentos. Muita gente achava que a base moral da sociedade estava desmoronando, a confiança nos trabalhos do Parlamento era pífia e muitos alemães mitificavam "os velhos e bons tempos" de governo estável do chanceler Otto von Bismark. Violentos confrontos de rua eclodiam sistematicamente entre comunistas e social-democratas, de um lado, e camisas-pardas das SA e veteranos dos Freikorps do outro. Entre 1924 e 1933, propagandistas do Partido Nacional Socialista, em ascensão, pegaram essas ameaças reais e deram uma enfeitada. Os perigos estavam em toda parte, diziam; os bons alemães haviam sido "apunhalados pelas costas" pelos "traidores de novembro" que haviam vendido a nação e escravizado seus cidadãos ao humilhante Tratado de Versalhes.[12] Às ameaças reais, esses propagandistas acrescentaram ameaças fantásticas: uma "influência judaica" urbana e degenerada estava minando os valores dos alemães de sangue puro: estes estavam frente a frente com "a hidra dos comunistas e anarquistas internacionais, dos judeus".[13]

(Nossos próprios presidentes do passado algumas vezes insuflaram o medo de vagas ameaças internas e externas: diante da possibilidade de guerra contra a França na década de 1790, o presidente John Adams sugeriu que os muitos refugiados franceses no país naquela época representavam um perigo à ordem social e um risco de subversão e deu a entender que eles eram traidores dentro de casa.)

A ASCENSÃO DE HITLER

Muitos de nós temos a impressão de que houve, na tomada do poder pelos nazistas, um grau sombrio de inevitabilidade. Tendemos a ver no nazismo um mal incompreensível que subjugou a Alemanha como um redemoinho metafísico ou uma praga bíblica.

Mas essa abordagem não nos ajuda a aprender as lições de que necessitamos.

Hitler nunca poderia ter ascendido ao poder como fez se o Reichstag não tivesse antes, covardemente, mas dentro da legalidade, enfraquecido o sistema de freios e contrapesos da Alemanha. Parlamentares que não eram nazistas — e que na verdade se horrorizavam com eles — involuntariamente abriram a porta para que os nazistas subvertessem o Estado de direito antes mesmo de subirem formalmente ao poder.[14]

A ascensão se deu numa democracia em funcionamento, ainda que combalida, por meio de um crescendo diário de tomadas de decisões — um conjunto de táticas: "Os contemporâneos não conseguiam ver as coisas tão claramente quanto nós, que temos o privilégio da visão retrospectiva. Eles não poderiam saber em 1930 o que estava para acontecer em 1933; não podiam saber em 1933 o que viria em 1939 ou 1942 ou 1945", escreve o historiador Richard J. Evans. Mas ele também afirma: "Os acontecimentos que parecem inevitáveis em retrospecto não inspiravam a mesma certeza naquela época e, escrevendo este livro, eu tentei lembrar ao leitor repetidamente que as coisas poderiam facilmente ter acontecido de modo diferente em numerosos aspectos."[15]

O antecessor de Hitler, chanceler Heinrich Brüning, não era nacional-socialista; era um centrista. Mas ele adulterou a estrutura da democracia alemã, reduziu os poderes do Parlamento e restringiu liberdades civis de um modo do qual os nazistas se apropriaram. Cada vez mais a República passou a ser governada por decretos de emergência. A erosão do Estado de direito destrancou a porta para Hitler, e ele então usou a lei para escancará-la e deixá-la aberta para o dilúvio.[16]

A Alemanha de Hitler não era um Estado anárquico. Ele costumava procurar apoio legal a quase tudo o que fazia. Hitler sempre se vangloriava de que "nós vamos depor o Parlamento de maneira legal e com os meios legais. A democracia será deposta com os instrumentos da democracia".[17] "Posso dizer claramente", ele anunciou no comício de Nuremberg em 1934, "que a base do Estado nacional-socialista é o código legal nacional-socialista." Ele qualificou a Alemanha nazista de "este Estado de ordem, liberdade e lei".[18]

Ditadores podem ascender numa democracia enfraquecida até mesmo com apoio popular minoritário. Hitler nunca chegou a alcançar maioria. Na eleição de 1932, apenas 13,1 milhões de alemães votaram no partido nazista. Embora o nacional-socialismo, sozinho, tivesse sido a mais votada agremiação, os nazistas conseguiram menos cadeiras no Parlamento do que a soma dos partidos de oposição. Naquela altura, eles ainda poderiam ser derrotados.[19] E os números decaíram ainda mais na eleição seguinte.

Neste período crítico, os camisas-pardas encetaram uma batalha de violência nas ruas contra os opositores do partido nazista. Uma sensação de crise tomou o país. Uma coalizão conservadora se formou para provocar uma crise constitucional também no Parlamento. Os legisladores entraram então em negociações frenéticas para impedir uma guerra civil. A maioria conservadora ainda acreditava nesta época que, se Hitler tivesse sido indicado para chanceler do Reich, seriam capazes de controlá-lo. Eles fizeram um trato: Hitler foi empossado como chanceler do Reich, em absoluta legalidade, no dia 30 de janeiro de 1933.

Mas os nazistas direcionaram os acontecimentos para que se precipitassem rapidamente depois disso. Organizaram marchas iluminadas com tochas, enquanto todas as passeatas da oposição comunista foram proibidas. Quando milhares de cidadãos fizeram manifestações contra o novo governo, contudo, a polícia prendeu os líderes do movimento. Vinte jornais de oposição conseguiram se manifestar contra a nova liderança nazista, mas foram banidos em seguida. Autoridades locais solaparam a liberdade de reunião país afora.[20]

Logo os alemães souberam de uma ameaça terrorista: o Reichstag foi incendiado em 27 de fevereiro de 1933. Seria como alguém tentando atear fogo ao Capitólio. Um jovem e perturbado comunista holandês, Marinus van der Lubbe, foi acusado de ser o autor do incêndio. Alguns historiadores acreditam que foram os próprios nazistas que arquitetaram o atentado.

Primeiramente, o líder nazista Hermann Goering informou à Alemanha que o país se encontrava agora em "pé de guerra". Goering advertiu a nação de que o incêndio do Reichstag era só parte de uma conspiração maior: terroristas comunistas, segundo ele, haviam planejado envenenar os suprimentos de água e sequestrar as famílias de ministros do governo. Ele alegou também possuir provas de que esses terroristas misteriosos planejavam ataques com bombas a ferrovias, centrais elétricas e outros pontos estratégicos da infraestrutura do país. Essas ameaças nunca se concretizaram, mas a nação estava aterrorizada mesmo assim.[21]

O ministro do Interior nazista, Wilhelm Frick, criou uma "cláusula 2": suspendeu partes da Constituição alemã. Revogou as liberdades de expressão, de imprensa e de reunião. A cláusula 2 também deu às forças policiais o poder de manter pessoas sob custódia por tempo indefinido e sem mandado judicial. A lei e os legisladores intimidados haviam preparado bem o caminho.[22]

Finalmente, Hitler anunciou ao gabinete que era necessária uma emenda à Constituição, uma lei plenipotenciária que lhe permitiria passar permanentemente por cima de alguns dos poderes do Parlamento. Agora o Estado podia, legalmente, grampear os telefones e abrir a correspondência dos cidadãos.[23]

Sob a apavorante ameaça terrorista e temendo parecerem antipatrióticos, os parlamentares de todos os partidos não promoveram muita discussão. O ato de capacitação foi aprovado por ampla maioria: 441 a 94 votos. A Constituição foi mantida, mas, depois disso, Hitler poderia governar por decreto.

Josef Stalin também usou o discurso da "ameaça interna e externa". Um funcionário do Partido Comunista, Sergei Kirov, foi assassinado em Moscou em 1934, provavelmente com a bênção de Stalin. Ele culpou "terroristas" contrarrevolucionários pelo assassinato. Alertou os russos para uma conspiração em escala mundial de vilões capitalistas-imperialistas determinados a empreender uma guerra contra o país, trabalhando em conjunto com uma rede interna de outros "terroristas contrarrevolucionários", "assassinos" e "destruidores".[24] O medo engendrado por essa história pavimentou o caminho para as prisões em massa entre 1937 e 1938.

Tramas tentaculares tornaram-se um clichê dos aspirantes a ditador: durante a guerra fria, os líderes comunistas disseram aos cidadãos alemães-orientais e tchecos para que tomassem cuidado com uma conspiração sangrenta de "imperialistas capitalistas" e "inimigos da revolução" internos.[25]

Em setembro de 1973, a junta militar do general Augusto Pinochet exibiu na televisão um depósito de armas e disse aos cidadãos chilenos que a Unidad Popular (a quem chamavam de "terroristas") planejava assassinar vários líderes militares chilenos de um golpe só.[26]

O "islamofascismo" é algo novo ou é novo — para nós — o modo como estamos ouvindo a respeito do assunto? O governo Clinton se preocupou profundamente com o terrorismo islâmico. O bombardeamento do destróier *Cole* e o primeiro atentado contra o World Trade Center aconteceram sob as vistas de Clinton. Mas a linguagem que o presidente e seu Departamento de Estado usaram para descrever os mesmos terroristas naquela ocasião foi bem diferente daquela que ouvimos hoje em dia, e o 11 de Setembro em si não explica essa diferença. A equipe de Clinton falou de uma séria ameaça geopolítica, mas não ouvimos mistificações sobre uma hidra do "mal" ou de "malfeitores".

Terroristas islâmicos realmente procuram nos fazer mal. Mas Bush universalizou as declarações fanáticas dos mais fanáticos integrantes dessa ameaça. O Reino Unido e a Espanha sofreram ataques terroristas graves, mas, ao contrário, se referiram às mesmas ameaças vindas das mesmas pessoas em termos mais prosaicos. Cidadãos espanhóis e britânicos acham que estão diante de um sério problema de segurança. Os americanos, porém, temem que a mesma ameaça possa provocar o fim da civilização.

O "COMPLEXO INDUSTRIAL DE SEGURANÇA"

Os Estados Unidos não se orientam apenas por ideologias puras como aconteceu com a Itália fascista e a Alemanha nazista. Nos Estados Unidos, os lucros guiam os acontecimentos onde a ideologia não o faz. Poucos dias depois dos atentados de 11 de Setembro, indústrias de segurança estavam fazendo lobby junto a funcionários do governo e dos aeroportos para que investissem em novas tecnologias de vigilância. Seis anos depois, a indústria de vigilância se tornou um negócio formidável: "Tecnologias de vigilância estão emergindo como um dos filões mais sólidos da nova 'indústria do antiterrorismo'."[27] Em 2003, analistas de negócios calcularam o valor dessa florescente indústria em US$ 115 bilhões anuais. Se as tendências continuassem, segundo eles, a onda de demandas por novos produtos de vigilância e segurança traria lucros de US$ 130 bilhões a US$ 180 bilhões por ano em 2010.

Lockheed Martin, Acxiom, ChoicePoint e outras companhias aumentaram acentuadamente seus investimentos em lobby para obter uma fatia desses lucros: apenas a ChoicePoint quadruplicou o dinheiro investido em lobby depois do 11 de Setembro. Um estudo de 2003 mostrou que 569 empresas registraram lobistas no Departamento de Segurança Interna depois do 11 de Setembro.[28] O *New York Times* noticiou que "os principais empreiteiros da área de defesa querem se transferir em grande parte para o território da segurança interna".[29] O Dr. William Haseltine, que ocupa a diretoria de várias organizações destinadas a analisar essa indústria, incluindo a Comissão Trilateral e o Instituto Brookings, e que é um dos fundadores da American Freedom Campaign, diz que o "complexo industrial de segurança" rivaliza com o "complexo industrial militar" em sua capacidade de "influenciar a política".[30]

A paz é ruim para os negócios. Quando a antiga União Soviética desmoronou, a indústria de defesa dos Estados Unidos estava cara a cara com uma parcela de mercado em queda. Para crescer, teria que encontrar um novo inimigo. Também ajudaria se expandisse sua linha de produtos da construção de caças para a moderna demanda por aplicativos de vigilância.

O Dr. Haseltine destaca que o Departamento de Segurança Interna tem, como o Departamento de Defesa, um prolongamento externo na indústria privada; por isso, as relações entre os dois departamentos agora estão institucionalizadas.[31] É quase impossível que o Departamento de Segurança Interna seja desmantelado, tenha ou não sucesso em proteger os americanos. Resumindo: uma indústria de US$ 115 bilhões por ano pode exercer forte pressão nas decisões políticas e o Departamento de Segurança Interna não vai desaparecer, mesmo que amanhã todos os terroristas muçulmanos do mundo deponham suas armas.

Mas e se o terrorismo islâmico realmente declinar? As ações de um inimigo estrangeiro serão sempre imprevisíveis. Mas também se pode invocar um inimigo interno mais confiável e necessitado de vigilância: nós mesmos. Um lobby poderoso está sendo agora satisfeito por decisões políticas de um governo que, cada vez mais, trata *cidadãos* americanos como ameaças de segurança, o que, por sua vez, cria uma procura por alta tecnologia de vigilância cada vez mais cara.

A União Americana de Liberdades Civis (Aclu) é cuidadosa ao descrever como esse potencial lucrativo afeta a atividade legislativa: "Não é possível determinar até que ponto o lobby do setor privado conseguiu levar a demanda do governo por maior vigilância, em vez de simplesmente lutar por fatias de um bolo governamental predeterminado (...) mas, ao menos em alguns casos, o setor privado claramente adotou uma grande e inédita pressão por decisões políticas que implicam vigilância. Há muito mais dinheiro a ser ganho fornecendo soluções tecnológicas de vanguarda para problemas de segurança do que medidas às vezes mais eficientes e muito mais baratas, como reforçar as portas das cabines de comando dos aviões. Seria uma tragédia dupla se o emergente complexo industrial de segurança não só fizesse lobby para maior vigilância dos americanos, mas também para se apropriar de recursos hoje aplicados em medidas com muito maior grau de eficiência em proteger americanos de atentados."[32]

Portanto: o Estado agora identificou, mistificou e institucionalizou uma ameaça externa e uma interna — por tempo indefinido. Quem fica premido no meio das mitologias dos inimigos externo e interno? Os americanos comuns — nós.

– CAPÍTULO TRÊS –

CRIAR PRISÕES SECRETAS

*Ninguém deve ser... destituído de vida, liberdade
ou bens sem os devidos processos legais...*

QUINTA EMENDA À CONSTITUIÇÃO

*Em todos os processos criminais, o acusado deve gozar do direito
a um julgamento rápido e público por um júri imparcial...
e de ser informado sobre a natureza e a causa da acusação,
de ser acareado com as testemunhas de acusação, de fazer
comparecer por meios legais testemunhas da defesa
e de ser defendido por um advogado.*

SEXTA EMENDA

A Magna Carta foi firmada em 1215. Desde então, a tradição legal do Ocidente mantém o princípio de que todos merecem algum tipo de processo judicial antes de serem levados à prisão. Essa regra simples, e mesmo assim radical, que proíbe prender sem dar explicações é o fundamento de toda democracia. Nós, americanos, pressupomos que não podemos ser encarcerados sem esperança de sair. Essa crença é parte tão essencial da nossa liberdade que raramente paramos para pensar nela.

A garantia de que não podemos ser presos arbitrariamente é fortalecida pela instituição do *habeas corpus*. Está na lei de 1679 que dá esteio à nossa liberdade como americanos. A expressão vem do latim. Quer dizer "ter o corpo". Ter o direito ao *habeas corpus* significa que, se você for posto na prisão, tem o direito de conhecer as provas contra você, saber quem está acusando e participar de uma audiência diante de um juiz ou júri imparcial para que seja estabelecido se você cometeu ou não o crime do qual é acusado. Em resumo, significa que, se você for inocente, terá a possibilidade de prová-lo e ser libertado. Quer dizer que sua inocência o protege.

Numa ditadura, sua inocência não o protege.

Assim como o *habeas corpus*, ou outro procedimento equivalente, é praticamente o fundamento de toda democracia, um sistema secreto de prisões sem *habeas corpus* é o fundamento de toda ditadura. Não é possível subjugar uma sociedade aberta sem uma prisão secreta ou, mais eficientemente, um sistema de prisões secretas. Por "prisões secretas" eu me refiro a um aparato fora do controle e do alcance da lei. É isso que permite todo o resto. Sem a ameaça real de um sistema como esse, os cidadãos levantam a voz, os ativistas têm poder e a democracia é tenaz.

O clássico sistema de prisões secretas começa modestamente e depois entra em metástase. Inicialmente o governo põe em sua mira pessoas vistas pelo resto da população como sendo "más": radicais perigosos ou criminosos confessos. Nesse ponto, as prisões — até mesmo os maus-tratos e a tortura aos prisioneiros — são divulgadas com aceitação geral, às vezes até aprovação. Charges na imprensa alemã entre 1931 e 1933 caçoavam dos prisioneiros que sofriam abusos.[1] Os cidadãos até se sentem mais seguros. Eles não imaginam que poderão algum dia ser sujeitados a maus-tratos.

E então sempre chega o ponto de ampliar a abrangência do sistema. A linha espessa e escura que nos separava "deles" começa a ficar borrada. A rede de prisões secretas se expande, lenta ou rapidamente, mas sempre de modo inexorável, e passa a incluir entre seus alvos líderes da sociedade civil, jornalistas, religiosos e a oposição política. Duvido que você me aponte uma época ou lugar em que isso não tenha acontecido.

No início, a mudança de abrangência não costuma ser muito evidente. Nesse estágio, os cidadãos experimentam uma recusa psicológica poderosa e inconsciente. Como agora há um sistema de duas castas, uma espécie de pensamento mágico faz com que muitas pessoas se sintam mais seguras ao ver "outras" serem mandadas brutalmente para a prisão. Essa é a sedução regressiva do fascismo — um pensamento do tipo "papai nunca me machucaria", uma sensação de privilégio, uma vez que a ira do papai e até mesmo a violência sancionada pelo Estado estão direcionadas para outras pessoas, fora do círculo de segurança. Se estão operando numa democracia, é nesse momento que os líderes que procuram promover uma virada fascista habituam os cidadãos a níveis cada vez mais elásticos de tolerância à tortura sancionada pelo Estado. (A série *24 Horas*, da Fox TV, veicula tortura como entretenimento. Recentemente, os produtores observaram que a tortura não choca mais ninguém e nem mesmo é notícia.[2])

Prisões secretas entram em metástase

Por que os americanos deveriam se preocupar com Guantánamo? Porque a história mostra que construir uma prisão secreta abre uma caixa de Pandora no inferno. Como observei antes, lentamente os cidadãos percebem que pessoas com outros tipos de status começam a ser presas.[3] É uma fase delicada: se as autoridades agem com muita rapidez e prendem pessoas com quem os cidadãos comuns se identificam, haverá uma reação. Mas se a reputação dos líderes engajados na virada fascista se mantém imune às prisões, as reações cessam. Acredite ou não, esse é o ponto em que nos encontramos agora nos Estados Unidos.

No estágio final da virada fascista, as deportações para o sistema prisional secreto atingem cidadãos que estão no centro da vida civil. É sempre o mesmo elenco, em qualquer regime: líderes da oposição, religiosos que expressam suas opiniões, líderes sindicais, artistas conhecidos, donos de veículos de comunicação e jornalistas.

O regime começa então a chamar seus oponentes de "inimigos do Estado", "inimigos do povo", "traidores", "criminosos" e "espiões". É provável que sejam promovidos julgamentos de fachada nos quais os prisioneiros não têm acesso às provas, ou mesmo julgamentos sigilosos, "por razões de segurança". Os cidadãos vão sendo aos poucos privados dos elementos básicos do processo legal. O sistema judicial independente é totalmente atropelado, uma vez que "tribunais populares" ou a justiça militar foram ressuscitados ou estabelecidos em paralelo. A mensagem agora é que ninguém está a salvo. Esse estágio da virada tende a se desenrolar com grande rapidez.

(A mesma lição — não são necessários campos de extermínio ao estilo nazista para subjugar uma nação, apenas uma rede de prisões sem julgamento e campos de tortura como pano de fundo — foi muito bem aprendida por diversos ditadores. Alfredo

Stroessner do Paraguai — que ofereceu seu país como refúgio para nazistas[4] — fez uso dela, bem como ditadores na Argentina, no Brasil, na Indonésia, na Nicarágua, no Uruguai e na Guatemala.[5] Muitos desses ditadores criaram cruéis campos de prisioneiros, utilizaram-se de esquadrões da morte paramilitares, transformaram críticos do regime em "desaparecidos", retiraram de prisioneiros o direito a julgamento, perseguiram líderes da oposição, acadêmicos, jornalistas, cientistas, artistas e religiosos, orquestraram prisões em massa e instituíram tortura sancionada pelo Estado. Mesmo em regimes "meramente" autoritários como no Marrocos e no Egito, que não têm campos de tortura nessa linha, é bem sabido pelos cidadãos que há prisioneiros que morrem "acidentalmente" durante interrogatórios brutais. Essas mortes intimidam igualmente a sociedade civil.[6])

Devemos nos preocupar com os homens detidos em Guantánamo porque a história nos mostra que destituir prisioneiros de seus direitos prejudica não só os líderes, mas também funcionários públicos em todos os níveis da sociedade. O professor Philip Zimbardo, em *O efeito Lúcifer*, prova novamente como é fácil pessoas decentes se tornarem insensíveis e agirem como instrumentos do mal. Uma vez que um governo ultrapassa esse limite, os candidatos a ditador passam a considerar o direito a um advogado de defesa, o acesso às provas da acusação e o julgamento imparcial como empecilhos triviais à "segurança nacional".

Os registros históricos evidenciam sem nenhuma dúvida que, depois que essas coisas acontecem, as prisões secretas começam a operar com castigos cada vez mais severos, cada vez mais violência e cada vez menos justificativas. Tantos regimes adotaram esse caminho que ele parece indicar um padrão sombrio inerente à natureza humana. Mesmo pessoas bem informadas nem sempre percebem que não se pode abrir mão do *habeas corpus* e dos devidos processos legais num momento de crise. Nós nos esquecemos que esses procedimentos estão intimamente vinculados a nossa segurança física nos Estados Unidos. Os "devidos processos legais" e o "Estado de direito" não são formalidades estéreis. Se forem mantidos em seu vigor, podem salvar nossas vidas quando os governantes tentam se tornar ditadores.

Na Itália de Mussolini, o sistema prisional nunca chegou a ser tão brutal quanto o da Alemanha ou o da Rússia, mas, mesmo assim, o ditador enviou dezenas de milhares de prisioneiros políticos para o exílio interno (*confino*). Outros milhares morreram nas prisões.[7]

Uma das primeiras coisas que os nazistas fizeram foi criar prisões em "espaços externos" legais, geralmente porões, guardados por oficiais das SS que não deviam satisfações ao Estado. Eles cercavam comunistas, criminosos e anarquistas e os torturavam. Em 1933, quando Hitler era chanceler, cidadãos alemães comuns também eram levados a esses centros de tortura. Em 20 de março daquele ano, o líder das SS, Heinrich Himmler, anunciou que um campo de concentração para prisioneiros políticos seria inaugurado — Dachau, perto de Munique. Nos 30 dias seguintes, as SA e as SS cercaram, subjugaram, aprisionaram, torturaram ou, muitas vezes, simplesmente mataram dezenas de milhares de comunistas, social-democratas, outros líderes oposicionistas, sindicalistas, jornalistas e religiosos. Naquele ano todo, as tropas de assalto continuaram a fazer essas prisões.[8]

Os primeiros campos de concentração, como Oranienberg, receberam prisioneiros políticos. Em 1933, a maioria dos 27 mil detidos consistia em oponentes políticos do regime.[9]

Portanto, Hitler subiu ao poder numa democracia que de início ainda possuía um Judiciário independente, advogados de direitos humanos, um corpo militar confiável e um sistema prisional legítimo. Mas, em questão de meses, ele espalhou uma força paramilitar obediente, pôs em movimento um sistema alternativo de tribunais nos quais representantes seus atuavam como juízes, júris e carrascos e estabeleceu uma rede de prisões ilegais em que se praticava tortura. Essas iniciativas foram suficientes para criar uma situação irreversível. Como garantia de que os vestígios remanescentes de um sistema democrático não o impediriam de obter poder absoluto, Hitler fez aprovar uma lei "nomeando a si mesmo como Juiz Supremo, com poder de aprisionar ou executar indivíduos sem o benefício do julgamento".[10]

As prisões em massa de 1933 foram tão eficientes em amansar a população que, nos anos seguintes, o número de presidiários baixou para um quarto do total anterior. Muitos foram mortos, mas outra razão para a queda da população carcerária é que, àquela altura, a oposição simplesmente fenecera. A sociedade inteira — os que concordavam com os nazistas e os que discordavam — estava "enquadrada" sob a bandeira da ideologia nazista e qualquer dissidência agora carregava um risco mortal.[11]

Os nazistas não precisavam de campos de extermínio formais para controlar a população. Os campos nos quais se assassinaram milhões de pessoas, que a maioria de nós conhece, só foram criados às vésperas da guerra. As prisões de meados da década de 1930 aterrorizavam as pessoas "apenas" com interrogatórios violentos e amplamente divulgados, espancamentos, recusa deliberada em oferecer socorro médico e assassinatos cometidos, supostamente por conta própria, por guardas que sabiam não correr o risco da punição. Isso foi suficiente para silenciar as vozes discordantes.[12]

O terror de Stalin também mostra que as prisões secretas e a tortura têm o poder de entrar em metástase. Os campos de prisioneiros do gulag tornaram-se cada vez mais numerosos, mais violentos e mais desregrados: "Os primeiros códigos legais soviéticos proibiam categoricamente o uso de métodos que pudessem ser considerados tortura (...) Em 1937, todo esse sistema liberal foi abolido (...) Os campos de trabalhos corretivos foram transformados em campos de trabalhos forçados, planejados para destruir os prisioneiros (...) As colônias especiais... se tornaram virtuais campos de extermínio."[13]

Demorou apenas seis anos para que Stalin, a polícia secreta (NKVD), a rede de prisões sempre mais violentas e os milhares de cidadãos encarcerados — os suspeitos habituais — aterrorizassem o país. Uma vez que as acusações de "sabotagem" ou "tentativa de rebelião" começaram a surgir por toda parte, qualquer cidadão soviético poderia se ver acusado, por causa de alguma frase casual, de ser um "traidor", um "criminoso político" ou um "direitista". Então ele poderia ser detido sem nenhuma prova, submetido a um julgamento de fachada, aprisionado, torturado e até executado.

GUANTÁNAMO

Não poderão ser exigidas fianças exageradas... nem penas cruéis ou incomuns.

OITAVA EMENDA À CONSTITUIÇÃO

Está bem documentado que o governo Bush criou as condições para que haja tortura na prisão de Abu Ghraib, no Iraque, desde que o major-general Geoffrey Miller foi enviado para lá a fim de "guantanamizar" os interrogatórios. O livro-entrevista *Guantánamo: What the World Should Know* [Guantánamo: O que o mundo deveria saber], de Michael Ratner e Ellen Ray, documenta a institucionalização da tortura pela Casa Branca, bem antes de o governo pedir ao Congresso que legalizasse o abuso em 2006. "Para o Pentágono, Guantánamo é uma experiência do século XXI, mas, na verdade, foi proscrita pelas Convenções de Genebra em 1949", diz Ratner, que sofreu ameaças de morte por ajudar a representar os detidos.

A Alemanha de Hitler está longe de ser irrelevante para o debate em torno de Guantánamo: as Convenções de Genebra foram revistas em 1949 em consequência de um repúdio mundial às práticas nazistas. "[Guantánamo] é similar, em seus objetivos, às operações da Alemanha na Segunda Guerra Mundial que levaram às proibições [das Convenções de Genebra]: é um campo de interrogatórios e os campos de interrogatórios são completamente, categoricamente ilegais."[14]

Apesar da decisão da Suprema Corte sobre o caso *Hamdan vs. Rumsfeld* em 2006, segundo a qual as Convenções de Genebra se aplicam aos presidiários de Guantánamo, continuam sendo rotina os abusos violentos, que vão de afogamento simulado a espancamentos e humilhações sexuais. Segundo a *Newsweek*, Guantánamo desenvolveu uma "tabela de 72 itens de técnicas de tortura conhecidas como 'pressão e coação'... Entre elas estavam exposição a calor ou frio intensos, privação de comida, encapuzamento durante dias, confinamento sem roupa em celas frias e escuras por mais de trinta dias e ameaças (mas não ataques) com cães. Também se permitia o uso limitado da prática de obrigar os prisioneiros a ficarem por longos períodos em posições que extenuam pontos de sua musculatura e os submetem a níveis crescentes de dor."[15]

A tortura faz com que fala e silêncio se tornem questões de vida ou morte quando as pessoas precisam considerar até que ponto estão dispostas a correr riscos. A tortura legal, como eu mencionei, muda tudo. Ela aproxima a ameaça do Estado do corpo de todo cidadão, e muito mais coragem se torna necessária para que cada um decida se expressar abertamente.

Pessoas que se preocupam com a situação atual das liberdades civis tentam fazer alertas com base na última era repressiva ocorrida nos Estados Unidos — a caça às bruxas anticomunista do senador Joseph McCarthy, nos anos 1950. Mas precisamos superar essa referência para entender o ponto onde estamos agora. A intimidação macartista foi um passeio comparada às ameaças agora legalmente possíveis contra as opiniões divergentes. Cidadãos que desafiaram as listas negras de McCarthy, homens e mulheres como Arthur Miller e Lilian Hellman, eram corajosos. Mas — não diminuindo a coragem deles — nenhuma das pessoas punidas por expressar suas opiniões naquela época corria o risco de ser levada à loucura em consequência de anos de isolamento numa cela estreita. Nada fisicamente mais brutal do que suas carreiras estava em jogo.

O dramaturgo, militante pró-democracia e ex-presidente tcheco Václav Havel sabe de que forma a violência afeta os parâmetros de coragem pessoal. Ele foi prisioneiro político por quatro anos e meio numa cadeia que era desconfortável, mas onde não se praticava tortura. Quando indagado a respeito de sua coragem, ele observa corretamente: "Ninguém sabe de antemão como vai se comportar (...) Eu não sei, por exemplo, o que eu faria se fosse torturado fisicamente."[16]

A coragem de Havel ajudou a libertar a Tchecoslováquia. Mas, se tivesse sido torturado, ele e seus compatriotas ainda estariam vivendo numa sociedade fechada?

Quem são os "malfeitores" que os Estados Unidos estão torturando agora?

De acordo com um estudo da Universidade Seton Hall, a maioria dos prisioneiros de Guantánamo é inocente. Eles foram recolhidos por líderes militares da Aliança do Norte no Afeganistão apenas porque os Estados Unidos haviam oferecido recompensas de até US$ 5 mil por prisioneiro, o que é muito dinheiro naquela região. Muitas vezes esses militares simplesmente entregaram aos Estados Unidos listas de nomes de vizinhos com quem tinham divergências ou mesmo nomes de moradores de aldeias escolhidas ao acaso, só para ficar com o dinheiro.[17] (Foram os mesmos militares, aliás, que violentaram e maltrataram o próprio povo antes do advento do igualmente brutal Talibã.)

Depois disso, os prisioneiros eram, de acordo com Ratner e Ray, "colocados em contêineres de metal a bordo de navios, ficavam tão apertados que tinham que se engalfinhar em um calor insuportável (...) Quando as pessoas lá dentro começaram a sufocar, membros da Aliança do Norte abriram buracos nos contêineres a bala, matando alguns dos prisioneiros."[18] Diversos sobreviventes foram levados com vendas e algemas para aviões de transporte e acorrentados de bruços no chão durante 24 horas. Proibidos de irem ao banheiro, os prisioneiros ficavam deitados nas próprias fezes e urina até chegarem a Guantánamo, onde foram levados para celas.[19] (Os prisioneiros de Stalin, transportados em trens para os gulags, também eram forçados a se deitarem, em público, nas próprias fezes e urina — o que era tão horripilante para eles quanto as formas mais abertas de violência.)

No campo, esquadrões militares americanos "espancavam as pessoas, às vezes muito severamente". Relatórios da Cruz Vermelha, que não são públicos, vazaram: os prisioneiros eram despidos, acorrentados rente ao chão e forçados a ajoelhar ou ficar em pé por horas durante os interrogatórios. Eram submetidos a extremos de calor ou frio — algumas vezes sob temperaturas de mais de 43 ºC. No campo X-Ray, os prisioneiros eram mantidos em cercadinhos, expostos às intempéries e a agressões físicas das Forças de Reação Imediata. Os prisioneiros que se recusavam a cooperar podiam ser privados das refeições e de socorro médico.

Segundo os prisioneiros, a tortura psicológica era a mais dolorosa. Eles são avisados que só sairão de lá se confessarem. "As forças americanas também intimidavam os prisioneiros com fotos de suas famílias (...) dizendo que elas iriam sofrer se eles não falassem."

Guantánamo está crescendo: os cercados de 2002 viraram celas. Dois novos campos, Romeo e Tango, foram construídos como prisões totalmente isoladas. O confinamento progressivo desencadeia psicose mesmo em prisioneiros saudáveis: todo campo do gulag soviético tinha um bloco de celas solitárias para prisioneiros que não cooperavam, como em Guantánamo.[20]

Ainda assim, como um amigo meu — habitualmente compassivo — afirmou: "Isso não me diz respeito." A maioria dos americanos tem dificuldade em se preocupar com os interrogatórios "violentos" ou "rudes" de pessoas que, acreditam, são provavelmente terroristas.

Os Fundadores ficariam chocados com esse comportamento. Eles se empenhavam verdadeiramente em garantir um tratamento justo aos prisioneiros, até mesmo aos mais desprezados inimigos políticos. "Há um exemplo desse tipo de violação no estado de Virgínia, de uma natureza das mais chocantes", disse o secretário de Justiça do estado à Convenção Constitucional de 1787. "Um exemplo tão horrendo que, se eu concebesse que meu país seria capaz de permitir passivamente que se repetisse, por mais que me seja amado, eu procuraria meios de me expatriar. Um homem [Josiah Phillips, prisioneiro político], que era um cidadão, foi privado de vida assim: por mera aceitação de relatos genéricos, [ele foi acusado de] vários crimes... Foi detido muito rápida e precipitadamente, sem nenhuma prova além de acusações vagas. Sem ser confrontado com seus acusadores e testemunhas, sem o direito de reivindicar provas em seu favor, ele foi sentenciado à morte, e depois foi de fato executado (...) Não consigo contemplar esse fato senão com horror."[21]

"Os grupos de cidadãos observados pela Aclu não costumam se importar com Guantánamo", diz a porta-voz da entidade,

Emily Whitfield. "Mas quando ficam sabendo que as pessoas podem ser capturadas nas ruas, sequestradas e levadas de navio para serem torturadas — isso enfurece até mesmo os republicanos."[22] E essas informações são verdadeiras.

Mesmo depois que o Congresso aprovou o Ato das Comissões Militares, a maioria dos americanos continuou a acreditar que só são submetidas a "interrogatórios rudes" e outros abusos pessoas ativamente engajadas em crimes terroristas contra os Estados Unidos. Mesmo hoje, muitas pessoas bem informadas acreditam que um cidadão americano nunca poderá ser submetido a maus-tratos.

Mas o presidente Bush reivindicou "autoridade unilateral" para "prender praticamente qualquer pessoa, em qualquer lugar, cidadão ou não, mesmo nos Estados Unidos, se for considerado um combatente inimigo", adverte Ratner.[23] Qualquer cidadão americano pode agora ser maltratado de várias maneiras.

Dois cidadãos americanos — Yasser Hamdi e José Padilla — já foram considerados "combatentes inimigos" antes mesmo da aprovação do Ato das Comissões Militares.

Hamdi, de 31 anos e nascido na Louisiana, não foi torturado fisicamente, mas ficou preso sem julgamento numa cela da Marinha *durante três anos*. Ele não tinha permissão de informar a sua família onde estava; foi proibido de falar com um advogado e não podia ter acesso às provas contra ele nem receber visitas da Cruz Vermelha. O governo Bush argumentava que, para tornar úteis os interrogatórios, era necessário fazer esse cidadão americano perceber que ele estava totalmente submetido ao controle de seus inquisidores, que não tinha opções e que nunca sairia dali.[24] Quando a Suprema Corte insistiu em que esse cidadão americano tinha direito a algum tipo de audiência judicial, o governo simplesmente o deixou ir embora.[25]

José Padilla, cidadão americano de 36 anos, foi acusado de ser "combatente inimigo". Você deve ter ouvido a respeito dele como o homem que queria explodir uma "bomba suja" radioativa em alguma cidade grande dos Estados Unidos. O governo afirmou, quando o prendeu, que ele tinha conexões com a al-Qaeda, que planejava detonar a referida bomba e que também arquitetava uma série de explosões de gás em prédios residenciais.[26] Realmente assustador.

(O que você provavelmente não ficou sabendo foi que nenhuma dessas acusações aparece em seu indiciamento. Na verdade, *nenhuma* conspiração contra os Estados Unidos é mencionada no indiciamento.[27])

Os advogados de Padilla dizem que os interrogatórios de seu cliente incluíram "encapuzamento, posições estressantes, agressões, ameaça de execução iminente e aplicações de 'soros da verdade'" (os prisioneiros de Guantánamo também relatam terem recebido injeções durante os interrogatórios).[28] José Padilla ficou inteiramente sozinho durante esses três anos numa ala de dez celas numa prisão na Carolina do Sul. Ele raramente tinha algum contato humano a não ser com seu interrogador, as refeições eram empurradas por uma fenda, ele era monitorado eletronicamente durante todo o tempo, as janelas foram vedadas com pano preto, não havia relógio nem calendário, levaram embora o colchão para que tivesse de dormir sobre uma placa de metal e ele se tornou tão passivo que a equipe da prisão disse ao advogado que Padilla parecia "uma peça de mobília".[29]

Demorou *21 meses* até que o governo dos Estados Unidos o deixasse conversar com um advogado. A Dra. Angela Hegarty, do Centro Psiquiátrico de Creedmore, o examinou antes do julgamento. Ela afirmou numa declaração juramentada que ele não estava em condições de colaborar com a própria defesa, dadas suas condições mentais. Outro psiquiatra que examinou Padilla acredita que ele pode ter sofrido uma lesão cerebral em consequência de maus-tratos.

Apesar de ter ficado "como uma peça de mobília", quando Padilla finalmente apareceu em público para ir a um dentista, ele estava acorrentado. Tinha uma máscara que lhe cobria os olhos para que não pudesse ver e tampões nos ouvidos. Além disso, estava cercado, espetacularmente, por guardas em uniforme de combate. Diga-se de passagem, Padilla se declarava inocente.[30] No momento em que este livro está sendo escrito, o presidente afirma que ele tem o direito de amanhã fazer a mesma coisa com você ou comigo — baseado apenas na própria vontade.

A maioria das pessoas tem como certo que os esforços de Bush para institucionalizar as práticas de torturas e abuso de autoridade têm como alvo os "verdadeiros" terroristas.

Mas vejamos mais de perto.

Ao longo de anos de manobras legais, que começaram muito antes da vitória de setembro de 2006 no Congresso, a Casa Branca sob o governo Bush tentou agressivamente redefinir o nível de abuso que é legalmente considerado tortura e manter a definição de "combatente inimigo" numa abrangência ampla e maleável.

Durante toda a tramitação desses dois casos envolvendo cidadãos americanos, os advogados do governo resistiram a *definir* a expressão "combatente inimigo" com especificidade.

Esse empenho remonta a seis meses depois do 11 de Setembro, época do memorando Taft-Haynes de 22 de março de 2002.[31] Bush requereu esse documento a seus advogados para sustentar sua tese de que as Convenções de Genebra não se aplicam ao conflito com a al-Qaeda ou o Talibã. Os argumentos são vagos, os termos, subjetivos, e o método é o de procurar brechas para excetuar pessoas em condições amparadas pela lei. Taft alega que "convenções [civis]" não se estendem automaticamente a *criminosos ou sabotadores*. Outro argumento é que os direitos e privilégios previstos na convenção não podem beneficiar "combatentes empenhados em *'beligerância ilegal'*, porque essa atividade exclui direitos e privilégios".[32]

Na redação do "memorando da tortura" de 2002 — memo Bybee-Gonzales, 1º de agosto de 2002, ref: Padrões de conduta para interrogatório — a definição de prática de tortura é laboriosamente vaga.[33]

(Quando são procurados indícios de uma virada fascista numa democracia, as intenções são importantes; projetos e memorandos revelam quais seriam as metas do regime se não houvesse limites.)

O "memorando da tortura" também mostra há quanto tempo o atual governo vem buscando legalizar práticas abusivas e como deu duro para isso. Trata-se de uma argumentação de 40 páginas, densamente elaborada, em favor de todo tipo de tratamento repugnante a seres humanos. O documento conclui que:

[O termo tortura] se aplica apenas a atos extremos. Consideram-se dores severas aquelas que as vítimas em geral não conseguem suportar. Se a dor for física, precisa ter uma intensidade equivalente àquela que acompanha ferimentos sérios como a *morte ou a falência de órgãos*. Classifica-se de sofrimento mental severo aquele que ocorre não só no momento em que é infligido, mas que também produz dano psicológico duradouro, como os verificados em distúrbios pós-traumáticos. Além disso, para serem considerados sofrimentos mentais severos, os indícios precisam constar da lista anexa (...) Atos de tortura são apenas os extremos, por isso há um conjunto significativo de ações que podem ser consideradas tratamento ou punição cruéis, desumanas ou degradantes, mas que não atingem o nível da tortura.[34] [*grifos do autor*]

Por que chegar a esse grau de acrobacia macabra para legalizar uma atividade tão brutal?

Os americanos não vivem numa bolha de imunidade, como a maioria de nós pensa, e não estão protegidos de grande parte das categorias de delito criadas pelo atual governo. O acadêmico de direito Lloyd C. Anderson observou que "os argumentos em que se basearam as decisões no caso Hamdi — de que a Autorização para o Uso da Força Militar (Aumf)* confere autoridade para encarcerar pessoas — dão fortes indicações de que o presidente poderá permitir que um cidadão americano seja preso em território americano sob acusação de ser um combatente inimigo".[35]

---

*Série de atos aprovados no Congresso que permitem ao governo usar medidas de força contra o terrorismo. (*N. do T.*)

O posicionamento do governo é de que inclusive cidadãos americanos podem ser detidos sem acusação formal, e o presidente se reservou o que supõe ser seu direito de maltratar os detidos. "Tudo o que for considerado prerrogativa do presidente, segundo definições bem amplas, pode se voltar contra você", me disse um amigo que é professor de direito. Ele explicou que, até que a Suprema Corte decida em contrário, se algum dia o fizer — e, por favor, lembre-se de que muitas decisões importantes sobre as liberdades civis poderiam ter tomado o caminho oposto por questão de apenas um voto —, o presidente Bush vai continuar a decidir sozinho quem pode ser preso e se a acusação contra essa pessoa será formalizada, seja ela quem for. Mais importante, o presidente acredita que os tribunais devem manter cidadãos presos mesmo quando não há nenhuma prova direta contra eles. Meras declarações de funcionários do governo seriam suficientes.

Pedi a meu amigo para explicar melhor. "Essencialmente, o presidente diz que tem o poder de decidir quem deve ser detido como 'combatente inimigo' e de manter essa pessoa presa, sem acusação nem julgamento, por tempo indefinido", ele disse.

"Isso quer dizer que podem prender um repórter? Ou um crítico do governo?"

"Eles não irão atrás dessas pessoas neste ano", o professor comentou. "Mas os argumentos deles vão permitir que prendam qualquer um, baseados essencialmente em decisões pessoais."[36]

Beligerantes, sabotadores, criminosos são palavras de Stalin.[37] Mais importante do que isso, são categorias amplas e maleáveis. Definições vagas e frouxas do que é um criminoso são típicas de legislações fascistas. As leis de Nuremberg de 1938, por exemplo, transformavam um alemão comum em criminoso se a namorada dele fosse judia e transformavam um alemão judeu em criminoso se ele trouxesse consigo qualquer representação da bandeira alemã.[38] Esse tipo de lei não prolifera apenas para tipificar atividades proibidas. É também um meio de criar categorias de pessoas e de atividades que são repentinamente criminalizadas com o objetivo de estigmatizar e intimidar.

A instituição de novos crimes e penas na Alemanha foi acelerando até o ponto em que qualquer um que ajudasse um judeu, ou que criticasse os abusos cometidos contra os judeus e outros grupos, mais cedo ou mais tarde seria também alvo de opróbrio oficial e depois de acusações formais. Esse tipo de tabu disseminado por meio de penalidades criminais vigora neste momento nos Estados Unidos, tendo como alvo os americanos que se expressam a favor dos cidadãos presos. Como veremos, os advogados que representam esses presos enfrentaram obstáculos em suas carreiras, sofreram ameaças de boicote e foram até ameaçados com processos.

Também nós, como cidadãos americanos, estamos sujeitos a acusações cada vez mais distorcidas. Pessoas que dão "apoio material e proposital a hostilidades" — quem poderiam ser? Um pacifista que pede ao Congresso cortes nos fundos da guerra do Iraque? Jornalistas que revelam informações sigilosas? Um funcionário público disposto a denunciar desmandos que ele presenciou?

"O Pentágono criou uma nova expressão", diz Ratner, "'combatente inimigo'... Estamos diante de um sistema totalitário em que não há limites para o Executivo. O presidente pode fazer o que bem entender, como um ditador. Os tribunais não funcionam de modo independente, nem podem proteger os direitos de ninguém... [Com a Ordem Militar nº 1,* Bush] criou uma organização marcial que lhe dá o poder de governar o país como um general."

Mas os cidadãos americanos não estão a salvo, protegidos pela instituição do *habeas corpus* e pela Constituição? "O governo Bush alega", segundo Ratner, que:

> ... Sob os poderes de comandante em chefe que reivindica, o presidente pode classificar pessoas como combatentes inimigos e detê-las por qualquer razão que lhe aprouver (...) não há acusações e os prisioneiros não têm advogados, nem visitas de familiares, nem supervisão judicial, nenhum direito a nada e a perspectiva de só ser liberado quando chegar o mítico fim da "guerra ao terror".[39]

VESTÍGIOS DE OUTROS SISTEMAS PRISIONAIS

Relatos do gulag de Stalin evidenciam paralelos entre os métodos que ele usava contra prisioneiros políticos e as práticas inauguradas pelos interrogatórios militares em Guantánamo. Os revolucionários comunistas de 1917 se opunham à tortura, tendo-a sofrido eles mesmos nas mãos das forças czaristas. Por isso, para instituí-la, Stalin teve de criar novas leis e estimular mu-

---

*Lei assinada por Bush em 13 de novembro de 2001 pela qual o presidente se atribui o direito de definir quem é ou não terrorista, mandar prender pessoas sem justificativa formal e instituir tribunais militares para julgá-las, entre outras medidas. (*N. do T.*)

danças de pontos de vista. Tempos depois, a "tortura física" nas prisões secretas de Stalin "era usada com a aprovação completa dos comitês centrais. É claro que a prática não surgiu do dia para a noite, mas se desenvolveu gradualmente ao longo de vários anos", escreve o historiador Roy Medvedev. Se aderisse, ainda que minimamente, aos métodos legais de investigação, Stalin não conseguiria fazer o que necessitava fazer. Por isso ele favoreceu o uso, pela NKVD (a polícia política), do que ele chamou de "métodos de influência física".[40]

As fotos da prisão de Abu Ghraib vieram a público em abril de 2004. Os americanos ficaram escandalizados. Mas, em menos de três anos, os americanos passaram de horrorizados a acostumados com os abusos contra os prisioneiros, a ponto de deixar o Congresso aprovar a lei de 2006. Em menos de três anos, a Casa Branca passou da rejeição retórica ao uso de tortura à autoconfiança para propor a legalização explícita de uma série de práticas cruéis.

Em 1937, a reunião plenária do Comitê Central do Partido Comunista Soviético do bimestre fevereiro-março mudou a lei para liberar o uso de tortura. Depois disso, "os métodos mais requintados" puderam ser aplicados a "inimigos renitentes do povo"[41] — o que significava, lembre-se, praticamente todo mundo. Concordasse ou não com a linha imposta por Stalin ao Partido Comunista, qualquer pessoa poderia ser acusada de "inimigo do povo".

A professora Eugenia Ginzburg era uma comunista devotada e mãe de três filhos. Para seu desgosto, a NKVD a acusou de fazer parte de uma "organização terrorista subterrânea". Ela foi mandada para a prisão. Lá ela soube por "Greta", outra prisioneira, que as presas eram torturadas até confessarem:

"Eles têm aparelhagem especial para produzir (...) confissões" [Greta diz a Ginzburg].
"Tortura!", exclamei.
Greta meneou a cabeça tristemente. "De noite você vai ouvir."[42]

Uma das táticas de tortura rotineiras de Stalin era dizer aos prisioneiros que eles seriam mortos se não fizessem suas falsas confissões. (Os Estados Unidos usaram a mesma técnica com Hamdi e outros.) A NKVD usava cachorros contra os prisioneiros. (Nós também.)

Humilhação

Os interrogadores em Guantánamo humilham os prisioneiros, que têm suas cabeças e barbas raspadas à força como punição[43] — um ato que afronta a sensibilidade de um muçulmano tanto quanto a raspagem forçada das barbas e *peiotes* (cachos nas têmporas) dos judeus na Alemanha dos anos 1930. Detentos também acusaram os guardas da prisão de cuspirem na comida deles.[44]

As prisões de Stalin se utilizavam de humilhação psicológica. Um interrogador da NKVD podia urinar num copo e forçar o prisioneiro a beber.[45] Relatos de prisioneiros descrevem humilhações sexuais. (Para horror de militantes dos direitos das mulheres, o Ato das Comissões Militares de 2006 define "estupro de modo estrito — o que não inclui o ato de forçar mulheres e homens a se despirem, assim como vários outros métodos de coagir, violentar e degradar a sexualidade das pessoas."[46] De acordo com a revista *Newsweek*, a Cruz Vermelha menciona "atos de humilhação como obrigar [prisioneiros] a ficarem nus (...) com roupas íntimas femininas na cabeça, enquanto são alvos de chacota dos guardas, entre eles mulheres". É conhecido o fato de que o governo Bush organizou uma projeção privada ao Congresso para mostrar 1.800 slides e vídeos de atrocidades mantidas longe do público, incluindo várias de natureza sexual.[47] Se hoje todo mundo está apavorado com o que pode acontecer com as pessoas sob custódia militar dos Estados Unidos, o próprio Congresso assistiu a tudo o que há de mais apavorante.)

Em Guantánamo, os prisioneiros homens de fato foram despidos enquanto guardas masculinos e femininos os observavam continuamente. Organizações de direitos humanos têm múltiplos relatos independentes de prisioneiros homens sendo manipulados sexualmente por guardas mulheres.[48]

Posição prolongada

A essa altura, todos já ouvimos falar do uso em Guantánamo da "posição estressante" — renomeada pela Casa Branca com a expressão mais branda "posição prolongada". (O secretário de Defesa Donald Rumsfeld observou com desdém, quando relatos sobre essa prática causaram escândalo, que ele mesmo fica em pé de oito a dez horas por dia.)[49] Em Guantánamo e em outras prisões controladas pelos Estados Unidos, o prisioneiro em "posição estressante" tem de ficar assim durante horas ou dias, como na famosa foto de um encapuzado em Abu Ghraib, com os braços abertos e em pé sobre uma caixa de aço.

Posições estressantes ou *posições prolongadas* são eufemismos para uma técnica desenvolvida nas prisões de Stalin, conhecida como o temido "condutor". No gulag, agentes forçavam os prisioneiros a ficar na mesma posição durante horas, sem poder dormir. O diário de P.A. Shabalkin faz a seguinte descrição: "O chamado condutor é posto em funcionamento: os interrogadores mudam, mas o prisioneiro continua em pé ou sentado. Durante dias. Eles me mantiveram no condutor por oito dias. Não me deixaram dormir (...) E se você resiste ao condutor e não entra em colapso, aí vem a tortura física."[50]

Eugenia Ginzburg viu um prisioneiro ser forçado a ficar em pé durante dois dias; quando ele, mesmo assim, se recusou a assinar uma falsa confissão, a NKVD o levou para uma "cela de posição de sentido": "Era um lugar tão estreito que o prisioneiro só podia ficar em pé, ereto, com os braços paralelos ao corpo (...). Ficamos tão horrorizados que durante dois dias mal pronunciamos uma palavra."[51]

Essas posições forçadas produzem boas informações? Muitos relatos de prisioneiros do gulag de Stalin confirmam que, depois de alguns dias de submissão ao condutor, muitos inocentes assinariam qualquer coisa.

Privação de sono

O presidente Bush defendeu a prática de privar os prisioneiros de sono. Soa quase inofensivo. Acordar os prisioneiros? Grande coisa. Afinal de contas não é um spa.

M.M. Ishov, outro sobrevivente das prisões de Stalin, escreveu sobre o assunto: "Fazia-se tudo o que era possível para esgotar completamente os prisioneiros."[52] Também nesse caso, depois de apenas uma semana de privação de sono, os prisioneiros de Stalin delatariam qualquer pessoa — e até inventariam pessoas. A polícia secreta da Alemanha Oriental usava o mesmo método, com resultados similares.

De acordo com um estudo psiquiátrico clássico, *Recovering Sanity: A Compassionate Approach to Understanding and Treating Psychosis* [Recobrando a sanidade: uma abordagem compassiva para entender e tratar das psicoses], de Edward M. Podvoll, privação prolongada de sono e isolamento enlouquecem pessoas sãs.

Uso de água

Os interrogadores de Guantánamo usam "simulação de afogamento", uma tortura inventada na Inquisição Espanhola.[53] O gulag também usava água contra os prisioneiros: guardas da prisão de Iaroslav jogaram uma prisioneira numa solitária e, com a mangueira, a encharcaram de água gelada. A NKVD derramava água de gelo derretido sobre os detidos em navios-prisões que se recusavam a colaborar.[54]

Extremos de calor e frio

Prisioneiros de Guantánamo afirmam terem sido submetidos a extremos de temperatura.[55] Isso já era comum no gulag: segundo Ishov, a temperatura das celas era deliberadamente mantida em cerca de 6° C. Outros prisioneiros de Stalin eram encarcerados em porões perto dos canos de aquecimento central.[56]

Ameaça aos que ajudam

Numa virada fascista, as forças de segurança começam a prender e julgar "os outros" e gradualmente afrouxam o nó para incluir os que são "como nós"; David Hicks, um australiano branco e anglófono, foi o terceiro preso a ser julgado pelos tribunais militares dos Estados Unidos. Como também faz parte do manual fascista, seus advogados terão problemas.

Os tribunais militares começaram a funcionar e são cada vez mais perigosos para os advogados dos detidos e outros que se expressam a favor deles. As represálias contra esses profissionais começaram com reveses na carreira e estão evoluindo para acusações criminais ou coisas piores. Em abril de 2007, o Departamento de Justiça pediu a um tribunal federal para "remover alguns dos últimos fragmentos de representação legal" de que os prisioneiros dispunham. A intenção era permitir que os militares e os serviços de informação pudessem ler a correspondência dos prisioneiros, limitar suas visitas a apenas três e "permitir que funcionários do governo — por deliberação própria — negassem acesso às provas que acusam o prisioneiro de ser um 'combatente inimigo ilegal'". O governo também acusou os advogados de conduta imprópria por fornecerem informações à imprensa — uma acusação assustadoramente similar à que pesa sobre a advogada Lynne Stewart, presa sob acusação de ajudar terroristas e sujeita a 30 anos de prisão.[57]

Esses advogados estão levando em frente uma nobre tradição. No auge da histeria contra os *tories* (americanos que apoiavam a coroa britânica), o constitucionalista Alexander Hamilton decidiu representar, como advogado, um membro dessa odiada categoria de pessoas. Hamilton o fez diante de uma multidão enfurecida, sabendo que estava se arriscando a acabar com sua carreira, tudo porque ele acreditava tão fortemente no Estado de direito. John Adams representou os execrados soldados britânicos que mataram colonos americanos no massacre de Boston. Ele também arriscou sua carreira e sua reputação. Esses patriotas — como os defensores públicos e particulares que hoje representam os suspeitos de terrorismo — trabalharam para homens e mulheres odiados porque amavam e acreditavam no Estado de direito.

O trabalho desses tribunais tem possibilidades de apresentar resultados justos?

O diálogo a seguir foi tirado dos registros de um tribunal militar americano. Pediu-se ao réu, Mustafa Ait Idir, que respondesse à acusação de que ele tinha se associado a um conhecido agente da Al Qaeda quando vivia na Bósnia.

> IDIR: Digam-me o nome dele.
>
> PRESIDENTE DO TRIBUNAL: Eu não sei.
>
> IDIR: Como posso responder, então?
>
> PRESIDENTE DO TRIBUNAL: Você conhecia alguém que era membro da al-Qaeda?
>
> IDIR: Não, não... Não posso nem responder a essas acusações... Você me diz que eu sou da al-Qaeda, mas eu não sou da al-Qaeda. Não tenho prova nenhuma a lhe dar. Só posso pedir que capture Bin Laden e pergunte a ele se faço parte da al-Qaeda... O que deveria ser feito é que você me mostrasse as provas relacionadas a essas acusações porque eu não posso lhe dar nenhuma prova. Só posso lhe dizer não, e isso é tudo.[58]

O tribunal chegou à conclusão de que esse homem era um combatente inimigo.

Esta é uma descrição do julgamento de Eugenia Ginzburg diante de um tribunal militar soviético:

O tribunal militar da Suprema Corte — três oficiais e um secretário — me encarava do outro lado da mesa. Eu estava entre dois carcereiros...

... Eu conferi a hora no começo e no fim do julgamento. Sete minutos...

— Você leu as acusações? — disse o presidente em tom de tédio incontrolável. — Você se declara culpada? Não? Mas as provas mostram...

Ele inseriu o papel num arquivo volumoso e murmurou entre dentes:

— Por exemplo, a testemunha. Kozlov... Dyakonov.

— Sim. Ambos declaram que...

Mas o juiz estava sob uma pressão de tempo grande demais para ler o que ambos declaravam. Recomeçando bruscamente, ele me perguntou:

— Quer fazer alguma pergunta ao tribunal?

— Sim. Estou enquadrada na seção 8 do artigo 58, o que significa que sou acusada de terrorismo. Pode, por favor, me dizer o nome do líder político contra quem eu supostamente conspirei?

Os juízes ficaram em silêncio por um momento, surpresos com a pergunta petulante. Eles olhavam com reprovação para a inquisitiva mulher que estava atrasando o trabalho deles. Então o grisalho murmurou:

— Você sabe, não sabe?, que o camarada Kirov foi morto em Leningrado?

— Sim, mas eu não o matei. Foi uma pessoa chamada Nikolayev. Seja como for, eu nunca estive em Leningrado. Não é isso o que vocês chamam de álibi?

— Você é advogada, por acaso? — perguntou o homem grisalho rispidamente.

— Não, sou professora.

— Esquivar-se não vai levá-la a lugar algum. Você pode nunca ter estado em Leningrado, mas foram seus cúmplices que o mataram e isso a faz responsável, moralmente e criminalmente.

Dois minutos depois, Ginzburg, que era inocente, ouviu a sentença: dez anos em confinamento solitário.[59]

A tortura americana tornou-se sistemática. O repórter investigativo Seymour M. Hersh, em seu artigo "Tortura em Abu Ghraib", publicado na revista *New Yorker* em 2004, mostrou que a tortura que ocorria naquela prisão não era uma aberração cometida por alguns recrutas psicóticos, mas uma política sistemática.[60] O médico Stephen H. Miles afirmou o mesmo sobre Guantánamo.[61]

O presidente Bush pediu a seus advogados que encontrassem o equivalente legal a "um 'universo sem lei' num 'território externo'" para manter os presos.[62] Os advogados afirmaram que as Convenções de Genebra não seriam aplicáveis a tais prisioneiros. (Hitler exortou seus soldados a usar "rudeza inédita, impiedosa e implacável" contra os russos porque "violações ao direito internacional cometidas por soldados alemães são desculpáveis, uma vez que a Rússia não participou das convenções de Haia e não goza dos direitos que elas preveem".)[63] Desde então os abusos ocorridos em Guantánamo foram bastante divulgados para os cidadãos americanos.

Isso é incomum. Os agentes da inteligência americana que abusaram de prisioneiros no passado sempre procuraram evitar a exposição pública. No entanto, em setembro de 2006, Bush confirmou sem pudores que eram reais as suspeitas de que existia uma rede internacional de prisões secretas.[64] Guantánamo está sendo ampliada sem a menor justificativa pública. Inicialmente era um projeto de construção de US$ 30 milhões, mas em dezembro de 2006 o Pentágono pediu mais US$ 125 milhões para expandir o que viria a ser "um complexo permanente para o julgamento de crimes de guerra".[65]

Do que se está falando, afinal?

Quando começou o frenesi de imprensa em torno de Abu Ghraib, a calma da administração Bush era impressionante. As torturas foram investigadas — ou foram abafadas? Em outras palavras: já é uma ditadura?

Desde então, das investigações sobre 800 soldados americanos, a maioria pertencente aos baixos escalões, só 250 geraram alguma medida; dentre esses casos, houve apenas 89 condenações — e os críticos afirmam que as penas foram extremamente condescendentes. Só 14 militares, de 34 suspeitos de causar a morte de um prisioneiro, foram julgados e sentenciados. E qual foi a sentença mais severa recebida por um acusado de matar um prisioneiro? Cinco meses na prisão.[66] A organização Human Rights Watch relatou em 23 de julho de 2006 que "até agora, nenhum membro dos serviços de informação das Forças Armadas foi levado à corte marcial em consequência de acusações de abuso no Iraque".[67] Portanto, no nosso sistema de prisões secretas, os torturadores dificilmente são punidos, mesmo quando matam pessoas. Em outras palavras, como nos campos de prisioneiros da Gestapo e de Stalin, os prisioneiros simplesmente morreram, e acabou por aí, no que se refere a responsabilidades.

Essa calma institucional diante de relatos de tortura, até mesmo de morte, sugere que o objetivo de estabelecer a tortura num lugar fora do alcance do Estado de direito pode ter sido estratégico. Os americanos agora sabem bastante sobre como é terrível o destino dos prisioneiros de Guantánamo.

Digo de novo: não é preciso chegar aos fornos para criar uma realidade fascista. Tudo do que se precisa é medo. Neste ponto, é suficiente prender, com alarde, um ocidental simpático, anglófono, não muçulmano, que se meteu no emaranhado da guerra contra o terror e julgá-lo em Guantánamo, num procedimento notoriamente inadequado. Também basta manter numa prisão da Marinha um editor ou repórter ou pacifista americano impedido de falar com um advogado durante meses. Uma detenção dessas, de visibilidade alta, ou um punhado delas, seria o suficiente para desestimular as vozes discordantes nos Estados Unidos.

Mais à frente veremos como o Espionage Act e as acusações políticas de "espionagem" e "traição" indicam que teremos de levar em conta as piores possibilidades futuras para poder agir a tempo de inviabilizá-las.

Se não agirmos, estamos a um passo de deixar a companhia das democracias livres — nações como o Reino Unido, a França e a Suécia — e de nos juntar às fileiras de países como o Egito, o Marrocos e o Paquistão.

TRIBUNAIS MILITARES

Os tribunais militares são os avalistas de uma virada fascista.

Lenin reagiu a uma tentativa de assassiná-lo criando tribunais militares secretos que suplantaram o sistema judicial estabelecido.[68] Mussolini instituiu tribunais militares para praticar justiça sumária. Stalin usou um sistema renovado de tribunais militares secretos que também suplantou o Judiciário.

Os nazistas criaram um sistema de "tribunais do povo", que tomou o lugar do sistema legal formal. Essas cortes foram originalmente criadas como "um corpo emergencial para aplicar justiça sumária a saqueadores e assassinos" em 1918. Tais "tribunais" estavam habilitados a sentenciar os acusados de "traição" e eram caracterizados pela "ausência de qualquer direito de apelação contra seus veredictos". A "vontade do povo" tomou o lugar da lei.[69]

Quando os nazistas chegaram ao poder, não apenas ainda havia um Judiciário independente na Alemanha, mas também juízes revoltados com os abusos cometidos pelas SA e pelas SS contra prisioneiros e advogados de direitos humanos, que compartilhavam seu sentimento de ultraje. Um desses advogados independentes até havia inclusive tentado processar as SS por maus-tratos a prisioneiros.

Foi nesse ponto que os "tribunais do povo" começaram a perseguir os advogados, os tribunais militares foram fortalecidos e Hitler providenciou uma legislação que protegia retroativamente as SS de processos judiciais por atos de tortura.[70] (O governo Bush está tentando proteger interrogadores de serem processados por crimes de guerra.)

Tudo isso abriu a porta para o que aconteceu nos anos seguintes na Alemanha.

Durante o esforço de transformar uma sociedade aberta numa sociedade fechada, os governantes investem os torturadores de aprovação do Estado. Numa sociedade democrática, os cidadãos podem processar seus torturadores: Abner Louima, um imigrante haitiano em Nova York, ganhou quase US$ 9 milhões da administração do prefeito Rudolf Giuliani e do Sindicato dos Policiais da cidade porque, quando estava preso, guardas o sodomizaram com um cabo de vassoura.[71] As autoridades foram responsabilizadas pela tortura.

Mas, numa ditadura, os torturadores e os que defendem a tortura são encarregados da lei. A pedido da CIA, o então conselheiro legal da presidência, Alberto Gonzáles, solicitou o "memorando da tortura" ao Departamento de Justiça. Depois do escândalo de Abu Ghraib, Bush não demitiu Gonzáles, nem o entregou às autoridades para ser submetido a acusações legais. Em vez disso, ele o nomeou ministro da Justiça dos Estados Unidos da América.

O torturador estava agora cuidando da lei.

Por que tortura?

É difícil imaginar outro objetivo político perseguido com tanta obstinação por este governo quanto a legalização da tortura. Memorandos, um desafio à Suprema Corte, dezenas de encontros sigilosos e finalmente um corpo a corpo com o Congresso. Essa equipe está tentando com muito afinco criar um espaço fora do Estado de direito no qual as pessoas possam ser torturadas — e conseguiu.

Precisamos nos perguntar: por quê? Por que tanto empenho?

O governo dá diversas explicações. Bush alega que "interrogatórios rudes" ajudam os investigadores a recolher informações importantes. O professor de direito Alan M. Dershowitz apoia o uso de tortura invocando o espectro de um hipotético terrorista com informações sobre uma "bomba prestes a explodir".[72] Mas os estudos sobre a história da tortura mostram que esse é praticamente um cenário impossível. A tortura torna menos provável, como os líderes militares e os interrogadores do FBI confirmam, que alguma informação decente saia da boca de um prisioneiro. A tortura só tem eficiência em produzir um amontoado de falsas confissões. Quando interrogadores chineses torturaram prisioneiros de guerra americanos na década de 1940, as "confissões" utilizavam clichês comunistas.[73] Como diz Ratner, "o saber" sobre terrorismo e terroristas que emerge dos interrogatórios de Guantánamo é "(...) basicamente, lixo". Muitos prisioneiros confessaram qualquer coisa que os inquiridores americanos os forçaram porque estavam sem comida ou socorro médico ou simplesmente para proteger suas famílias do mal que ameaçavam lhes causar — como você ou eu faríamos em circunstâncias similares.[74]

"Colabore e você poderá ir para casa", o alto-falante do campo costumava trombetear.

Desde 2002, Bush capitaneou um esforço de relações públicas por uma prática — tratamento abusivo de prisioneiros — que nem é muito popular internamente e é apavorante para o resto do mundo. Criar o espaço fora do Estado de direito onde os abusos acontecem parece ser um dos principais objetivos de longo prazo do governo e provavelmente, dado seu desempenho em outras frentes, um de seus maiores sucessos.

Uma vez que torturar prisioneiros é contraproducente quando se quer dar segurança à Pátria, e que isso nos torna párias aos olhos do resto do mundo, quais seriam então as razões genuínas para a importância que a Casa Branca confere a essas práticas?

Considere: se há um perigo muito alardeado que você usou para levar a nação à guerra — e se todos os argumentos contra os terroristas se desfazem —, você não vai precisar de falsas confissões? Se você torturar prisioneiros, certamente vai obtê-las interminavelmente. Nesse sentido, Guantánamo é uma máquina eficiente de confecção de um produto político altamente valioso: confissões falsas feitas por pessoas morenas com nomes muçulmanos.

Bruce Fein, da American Freedom Agenda, argumenta que os julgamentos obedecem a uma "ótica" política: "Pode-se perguntar: por que eles se importam com julgamentos se é possível deter algumas pessoas para sempre?"

"A resposta, acredito, é fazer teatro político: 'Como poderemos demonstrar que estamos em guerra sem comissões militares e prisioneiros?'"[75]

Se houvesse um sistema legal justo que distinguisse os culpados dos inocentes, seria impossível manter os mesmos objetivos — sem mencionar os lucros, embora esta pressão seja sem dúvida inconsciente — da guerra ao terror. Um número grande demais de pessoas inocentes seria mandado de volta para casa.

O apurado esforço em torturar pessoas morenas para que confessem crimes que não cometeram faz sentido político — embora horrorizar-se devesse fazer sentido moral.

Mas por que não parar de coagir muçulmanos? Por que continuar criando leis que ameaçam os próprios cidadãos americanos? Por que a linguagem esculpida por esse governo agora abre a porta para a possibilidade de prender e maltratar americanos comuns que não cometeram crime nenhum?

Um artigo pouco comentado que o *New York Times* publicou em 2006 informava que um juiz federal, Gerard E. Lynch, perguntou a um advogado do Departamento de Justiça, Anthony J. Coppolino, se "um advogado americano que tinha se comunicado com a al-Qaeda poderia ser detido no meio da rua e interrogado sobre isso".

"Mr. Coppolino respondeu: 'Eu diria que é possível, dependendo do contexto em questão.'"[76]

Como afirmou Alexander Hamilton em *O federalista nº 83*, "impedimentos arbitrários, métodos arbitrários de lidar com supostos delitos e punições arbitrárias baseadas em convicções arbitrárias sempre me pareceram ser um dos grandes motores do despotismo judicial".[77]

– CAPÍTULO QUATRO –

DESENVOLVER UMA FORÇA PARAMILITAR

"Sendo necessária à segurança de um Estado livre a existência de uma milícia bem organizada, o direito do povo de possuir e usar armas não poderá ser impedido."

SEGUNDA EMENDA À CONSTITUIÇÃO

Quando alguém expressa suas opiniões nos Estados Unidos, provavelmente se sente seguro. Não espera ser intimidado fisicamente, muito menos agredido.

Numa virada para a ditadura, contudo, fazer passeatas e se manifestar livremente se tornam atividades fisicamente ameaçadoras. Muitas vezes entram em ação grupos paramilitares — pessoas agressivas que não têm relação clara e justificável com o governo ou com o partido que busca o poder.

Os Fundadores se orientavam por uma ideia de igualdade. Forte ou fraco, todo cidadão teria o direito de se expressar livremente. Como os colonos haviam sofrido abusos nas mãos das tropas de ocupação, os Fundadores criaram um sistema para proibir o surgimento de exércitos arbitrários em nosso território. Foi por isso que conferiram aos estados o direito de estabelecer milícias que respondessem apenas ao povo. Mas nenhum aspirante a ditador deixa de adotar a medida — estratégica en-

tre as dez etapas da virada fascista — de criar uma força paramilitar que responda apenas a ele.

Lamento dizer que uma força paramilitar com fins lucrati-
vos está sendo desenvolvida neste momento. Desde 2001, como
Robert Young Pelton relata em *Licensed to Kill: Hired Guns in
the War on Terror* [Licença para matar: armas de aluguel na guerra ao terror], um novo tipo de oferta de serviço feito por homens
que atuam como soldados armados emergiu mundialmente e
começou a surgir também dentro dos Estados Unidos.

Os revolucionários americanos combateram mercenários.
Hoje há um novo tipo de mercenário, representado pelas forças
paramilitares de uma empresa chamada Blackwater. O livro de
Jeremy Scahill, *Blackwater: The Rise of the World's Most Powerful
Mercenary Army* [Blackwater: a ascensão do mais poderoso exército mercenário do mundo], mostra como a ameaça da Blackwater se tornou cada vez mais extrema. A firma agora tem:

> 2.300 soldados privados distribuídos por nove países, in-
> clusive dentro dos Estados Unidos. Mantém uma base de da-
> dos de 21 mil ex-membros das Forças Armadas, das polícias e
> de forças especiais que estarão à disposição imediata quando
> chamados. A Blackwater tem uma frota particular de mais de
> vinte veículos aéreos, incluindo helicópteros armados com me-
> tralhadoras e uma divisão blindada de vigilância. Seus quartéis-
> generais de 28 mil metros quadrados em Moyock, Carolina do
> Norte, são a maior instalação militar privada do mundo (...) A
> Blackwater tem contratos governamentais no valor de mais de
> US$ 500 milhões — e isso não inclui as operações pagas pelo
> orçamento secreto das agências de informação federais.

Um congressista observou que, em termos puramente militares, a empresa poderia "depor muitos governos do mundo".[1] Blackwater é a maior força de segurança privada do planeta, trabalha estreitamente com a empresa petrolífera Halliburton e pode atuar fora do alcance do Congresso.

No auge da guerra, havia um número estimado de 100 mil homens trabalhando em regime de contratação privada no Iraque, um para cada soldado americano.[2] Há informações de que certa vez alguns paramilitares da Blackwater no país saíram atirando a esmo de dentro de um carro, matando pelo menos um civil, e intimidaram jornalistas.[3] Um mercenário contratado pela CIA (não da Blackwater) foi acusado em 2006 de espancar até a morte um prisioneiro afegão.[4] Mas a última decisão de Paul Bremer como comandante das forças de coalizão no Iraque foi publicar a "ordem 17", que tornou pessoas contratadas pelo setor privado, como essas, imunes a processo por crimes de guerra (lembremos que os nazistas também recorreram a leis retroativas para proteger seus paramilitares de processos por crimes de guerra). Lobistas da Blackwater ainda trabalham duro para assegurar que seus homens não sejam processados em pé de igualdade com os militares americanos. "A Blackwater declarou abertamente que suas forças estão acima da lei", escreve Scahill.

Os advogados da empresa argumentam que a Blackwater não pode se subordinar ao Código de Justiça Unificado do Pentágono porque seus soldados são civis. Mas eles tampouco podem ser processados em tribunais civis — porque fazem parte das forças militares americanas.[5]

Se você acha que ditaduras brutais não podem ser importadas para os Estados Unidos, considere o caso de Jose Miguel Pizarro Ovalle, que trabalha como subcontratador da Blackwater. Oficial militar do Exército chileno durante o reinado de terror do general Augusto Pinochet, e partidário apaixonado do ditador, Pizarro nega que tenha havido execuções em massa promovidas pelo líder golpista e afirma que as missões de Bush hoje e as de Pinochet no passado são "exatamente a mesma guerra ao terror". Red Tactica, a empresa de Pizarro, recruta ex-comandos chilenos para trabalhar para a Blackwater. Um sociólogo chileno que foi torturado pelos homens de Pinochet afirma que esses homens "são valorizados pela sua experiência em sequestro, tortura e assassinato de civis indefesos". Outros recrutas valorizados da Blackwater são jordanianos, peruanos, nigerianos e salvadorenhos — todos treinados em países que praticam abusos selvagens contra civis.[6] O presidente — ou qualquer outra pessoa com dinheiro — agora tem acesso a uma força paramilitar que inclui alguns dos mais perversos capangas do mundo. E o presidente pode também dirigir um exército particular de homens altamente bem treinados que não se submete ao Congresso — exatamente uma das possibilidades temidas pelos Fundadores.

A Blackwater avança em casa, e uma de nossas proteções constitucionais está em perigo. O Departamento do Interior já começou a trazer as forças da Blackwater para as ruas. Soldados da empresa foram pagos para patrulhar Nova Orleans depois da destruição causada pelo furacão Katrina. De acordo com Scahill, em junho de 2006 a companhia havia embolsado em torno de

US$ 73 milhões como pagamento por seu trabalho para o governo federal — cerca de US$ 240 mil por mês. Um segurança particular não identificado contou um episódio em que, ao ouvirem um tiroteio entre gangues, os guardas, armados com fuzis AR-15 e pistolas Glock, dispararam em direção ao barulho: "Depois disso, tudo o que eu ouvi foram gemidos e gritos, e o tiroteio parou."[7]

A indústria de segurança privada experimentou um boom depois do 11 de Setembro, porque a CIA simplesmente não tinha número suficiente de pessoas para enviar às áreas de conflito (e a Guarda Nacional estava ocupada no Iraque). Antes de 2001, nenhuma firma americana era especializada em oferecer ex-militares treinados. Mas, depois do 11 de Setembro, empresas como a Blackwater e a Triple Canopy prosperaram, porque a guerra "criou um mercado volumoso para esse tipo de serviço".[8]

O dinheiro a ser ganho é imenso. A Blackwater decolou graças a um contrato de seis meses com as Forças Armadas americanas no valor de US$ 5,4 milhões. No outono de 2006, a Blackwater estava pronta para treinar 35 mil homens ao longo dos 12 meses seguintes.[9] "Aqueles que têm dinheiro podem também alugar 'apoio de fogo' completo com artilharia e suporte aéreo, fornecimento de informações, equipamentos de vigilância aérea, helicópteros armados com metralhadoras, veículos blindados, dirigíveis com controle remoto e aviões de ataque rápido com JDAMs* ou bombas de fragmentação", escreve Pelton.[10]

---

*Joint Direct Attack Munitions, kits de conversão de bombas não guiadas em bombas controladas por GPS. (*N. do T.*)

O modelo de negócios da Blackwater prevê distribuir seu exército privado e inimputável pelos Estados Unidos — na esteira de desastres naturais e também em casos de "emergência nacional".

Na Flórida, em 2000, quando se recontavam os votos em litígio das eleições presidenciais, gangues de homens jovens e raivosos — depois identificados como funcionários do Partido Republicano, embora tenham se recusado a dizer seus nomes na ocasião — apareceram em várias seções eleitorais de votação do Estado, todos vestidos de forma similar, com calças cáqui e camisas brancas. Enquanto os votos estavam sendo contados e separados num distrito eleitoral, um grupo deixou claro que estava vendo pelo vidro da janela quem estava fazendo o quê.[11] Alguns bandos de homens jovens e agressivos também se aglomeraram ameaçadoramente na entrada de locais de votação de distritos em que havia maioria de eleitores afro-americanos.[12] Em alguns casos, eles impediram eleitores negros de votar. (Quando, às vésperas da eleição para o Reichstag, o uniforme de camisa parda foi banido por uma prefeitura, os milicianos nazistas simplesmente saíram às ruas marchando à moda militar e usando camisas brancas todas iguais.[13])

Já vimos grupos de homens violentos e imunes à Justiça nos Estados Unidos antes: por exemplo, nos *draft riots* de Nova York no século XIX,* no massacre de Ludlow, em 1912,** e em lin-

---

*Revoltas ocorridas em julho de 1863 em Nova York contra o alistamento compulsório para combate na Guerra Civil Americana, que acabaram tomando contornos racistas. (*N. do T.*)
** Ataque contra mineiros em greve em Ludlow, Colorado, que deixou 20 mortos, entre eles 11 crianças. (*N. do T.*)

chamentos no sul do país. Mas essas outras gangues americanas não costumavam constituir grupos tão disciplinados e distintos como os de agora.

Serão incidentes isolados — encontros espontâneos de jovens homens brancos que fazem compras nas lojas J. Crew e apenas estão descontentes com a política? Os líderes em busca de poder ditatorial frequentemente formam uma casta de capangas para perturbar os processos de votação ou criar uma atmosfera de ameaça com suas presenças.

Mussolini foi, como em tantas vezes, o inovador. Ele, assim como Hitler, determinou a presença de grupos de homens jovens e agressivos dentro ou perto de locais de votação: em 1923, o prefeito fascista de Bolonha sugeriu a Mussolini que recrutasse membros do partido fascista "para ficarem dentro das seções eleitorais, onde atuariam como estímulo ao voto responsável". Em Ferrara, os comissários encarregados de organizar as eleições chegaram ao ponto de sugerir que, se a mera presença de capangas perto das urnas não fosse suficiente, o primeiro eleitor do dia deveria ser surrado publicamente e acusado de votar nos socialistas — como exemplo para outros membros do eleitorado.[14]

Hitler também enxergou os benefícios dessa tática. Em 1938, William Shirer comentou em seu diário a "votação" que deveria validar a anexação da Áustria pela Alemanha. "Noventa e nove por cento dos austríacos, de acordo com a conta de Goebbels, votaram *Ja*. Pode ser. Só com muita coragem algum austríaco assinalaria *No*, uma vez que todo mundo sabia que os nazistas tinham meios de saber como cada um votou (...) Também havia uma grande fenda na lateral das urnas para que os mesários sentados a alguns metros dali pudessem ter uma boa visão da sua cédula!"[15]

Poderá haver intimidação física nos Estados Unidos?

O serviço secreto é tradicionalmente apartidário. Sua missão é proteger o presidente e outros mandatários, não perturbar cidadãos americanos.

Mas Steven Howards, um consultor ambiental de Golden, Colorado, estava levando o filho à aula de piano num dia de junho de 2006 quando viu que o vice-presidente Cheney fazia uma aparição pública numa loja ali perto. Howards se aproximou dele e expressou seus pontos de vista, como por exemplo: "Acho discutíveis suas políticas no Iraque." Howards continuou a caminho da aula do filho. Dez minutos depois, Virgil D. Reichle Jr., um agente secreto, o algemou. O agente Reichle disse a Howards que ele seria acusado de "atacar o vice-presidente". As acusações foram formalizadas algum tempo depois e poderiam ter resultado em um ano de prisão para Howards.

Além disso, dois americanos acusaram na Justiça funcionários do Serviço Secreto ou da Casa Branca que os intimidaram fisicamente. Em 2005, três cidadãos — incluindo Leslie Weise e Alex Young — foram tirados à força de um encontro público com Bush, financiado pelos contribuintes, porque havia no carro deles, estacionado do lado de fora, um adesivo contra a guerra. Jeff e Nicole Rank disseram que no dia da Independência, em 2004, eles foram presos num comício de Bush em Charleston, Virgínia do Oeste, porque estavam usando camisetas com mensagens contra o presidente.[16]

Os capangas de Mussolini

Mussolini, entre os ditadores de seu tempo, praticamente inventou o uso estratégico de capangas: quando o Parlamento resistiu a votar a entrada da Itália na Primeira Guerra, brutamontes protofascistas e a favor da guerra promoveram incidentes violentos nas ruas, ataques a redações de jornais e manifestações públicas. Finalmente, quando capangas começaram a ameaçar líderes políticos pessoalmente, o Parlamento cedeu a suas vontades.[17] (Hitler também traçou um roteiro de intimidações, chegando a distribuir capangas camisas-pardas pelas alas do Parlamento enquanto os políticos trabalhavam.)

À época da Marcha sobre Roma, em 1922, os capangas de Mussolini já estavam mais sofisticados e mais bem treinados: homens vestidos de forma idêntica com camisas e calças pretas, recrutados entre os veteranos da Primeira Guerra e organizados em redes pelo comando central de Mussolini. Esses *arditi* fizeram o trabalho estratégico de quebrar redações de jornais, incendiar fazendas, espancar trabalhadores e atacar mulheres sexualmente nas regiões rurais. Eles "amaciavam" a população para difundir o medo de resistir às forças de Mussolini.

Capangas nazistas

A violência das gangues organizadas, assim como seu grau de sofisticação, tende a aumentar com o tempo. Na Alemanha, depois da Primeira Guerra Mundial, partidos políticos se aliaram a grupos paramilitares armados e uniformizados. Sua tarefa era promover marchas, molestar membros de grupos opostos e agredi-los fisicamente — algumas vezes matá-los.

Em 1920, o braço paramilitar do partido foi fundado e chamado de Divisão Ginástica e Esportiva. O uniforme era composto por camisas pardas, calças de montaria e botas. Esses paramilitares rondavam as ruas de Munique, atacando supostos inimigos e provocando judeus. Em 1921, os *Freikorps*, grupos de extrema-direita, foram incorporados aos camisas-pardas. A organização foi rebatizada de "Divisão Tempestade" ou SA, naquele mesmo ano. Herrmann Goering passou a liderar as SA em 1923. Foi quando as tropas de choque começaram a pôr em prática uma estratégia de terror que durou uma década. Esses capangas intimidariam cada vez mais cidadãos alemães e de modo progressivamente direto e formal, evoluindo de um punhado de civis desajeitados para o altamente disciplinado braço paramilitar do nazismo.[18] Em 1927, essa casta de capangas era uma força que o partido orientava abertamente. Joseph Goebbels, agora líder regional de Berlim, encenou brigas provocadas pelas SA em convenções políticas e nas ruas. A partir de 1929, Hitler, Goebbels e os líderes regionais do partido adotaram a prática de encomendar às SA o tipo de violência que eles queriam, e as SA executavam. Essa estratégia deixou os líderes nazistas livres de responsabilidade legal pela violência e assegurou a civis de classe média e cumpridores da lei que o próprio Hitler e seus colegas não tinham culpa da selvageria.[19] Os valentões casuais se transformaram em exército paralelo.

Em 1938, gangues nazistas foram liberadas para implantar o caos da *Kristallnacht*, a Noite dos Cristais: destruíram lojas e aterrorizaram judeus. Aos 24 anos, Joseph Weinberg era um estudante de administração de negócios em Stuttgart. Sua mãe tinha uma banca num grande mercado da cidade. "Na manhã seguinte à Noite dos Cristais, eu fui ao *Markthalle* com minha mãe e minha irmã", ele lembra. "Quando subimos as escadas, vimos que todas as portas tinham sido arrombadas, toda a comida tinha sido pisoteada e amontoada no meio da loja, e o dinheiro e todo o resto haviam sido levados. As únicas coisas que tínhamos — manteiga, farinha, arenque, tudo — estavam lá esmagadas e misturadas. Minha mãe chorou muito, é claro. Não havia nada que pudéssemos fazer."[20]

Capangas são a vanguarda de toda linhagem ditatorial, e a violência dos capangas é o trabalho avançado.

No passado de nossa nação, as ações policiais violentas contra os cidadãos fracassaram: os manifestantes sulistas pelos direitos civis nos anos 1960 ganhavam apoio público cada vez que se divulgava uma imagem de uso de jatos de água ou de cães treinados para dispersá-los. Quando membros da Guarda Nacional dispararam contra um protesto de estudantes na Universidade de Kent State, em 1970, matando quatro e ferindo nove, a imagem ajudou a virar a maré contra a Guerra do Vietnã. Já tinha havido violência do Estado contra manifestantes e eleitores antes na história do país: a possibilidade de que ocorra aqui é a mesma que existe em qualquer outro país.

Mas nossas leis fizeram a violência desse tipo retroceder. E não havia membros de um exército mercenário nas ruas desde que ganhamos nossa independência.

– CAPÍTULO CINCO –

VIGIAR CIDADÃOS COMUNS

*"As pessoas precisam tomar cuidado com o
que dizem, com o que fazem."*

ARI FLEISCHER, EX-SECRETÁRIO DE IMPRENSA DA CASA BRANCA, 2001

*"Eu advirto todo animal desta fazenda
a manter os olhos bem abertos."*

GARGANTA, EM A *REVOLUÇÃO DOS BICHOS*, DE GEORGE ORWELL

De acordo com Barry Steinhardt, da Aclu, se você é um ativista, deve ficar ciente de que seus emails podem estar sendo monitorados e seus telefonemas, grampeados. Ele diz que, se o governo chegar a certo grau de interesse por seus contatos, uma pessoa poderá ser encarregada de ler e ouvir o que você está dizendo sem que você saiba. O programa de vigilância da Casa Branca é ativado por certos nomes e palavras-chave. (A sofisticada estação de escuta da polícia política alemã oriental, Stasi, no monte Brocken, que monitorava telefonemas entre cidadãos comuns das duas Alemanhas, também estava programada para gravar conversas assim que certos nomes ou palavras fossem mencionados.)

Mesmo que você não seja considerado uma ameaça terrorista para o Estado, agora há uma razão possível para ser alvo de vigilância. Os tiranos monitoram a população porque esse é um dos modos principais de controle de comportamento. A Gestapo, a NKVD, o KGB, a Stasi e o politburo chinês — todos recolheram dados sigilosos, como históricos médicos e bancários e fichas de empréstimos em bibliotecas. Agora, com a internet, autoridades chinesas rastreiam o uso de computadores pelos cidadãos. Uma razão pela qual ditadores pedem acesso a essas informações privadas é que a marcação cerrada inibe a capacidade do cidadão de agir livremente contra os que estão no poder. Intrusões como essas também corroem a lealdade dos cidadãos às associações civis e profissionais e a redirecionam primordialmente para o Estado.

A tortura não produz informações mais confiáveis, mas a equipe de Bush quer ter liberdade de torturar — e fazer com que você saiba disso. Muitos críticos do governo disseram que as escutas não aceleram a obtenção de informações, mas o governo Bush quer ouvir seus telefonemas e ler seus emails sem ordem judicial — e fazer com que você saiba que essa vigilância está em processo.

Por quê?

O TRIÂNGULO DE FERRO NA VIDA AMERICANA

O aparato de espionagem do Departamento do Interior tem, sem dúvida, a finalidade de promover a guerra ao terror. Mas também pode ser apontado contra nós, por razões políticas internas.

Como eu disse antes, todas as sociedades que estamos examinando enfrentaram inimigos reais e usaram sistemas de vigilância para localizar seus inimigos. Mas todas também se valeram de monitoramento estatal de cidadãos comuns para docilizá-los. Todas as ditaduras defenderam essa prerrogativa como exigência da segurança nacional.

Em julho de 2002, o governo Bush desencadeou a Operação Tips — Sistema de Informação e Prevenção do Terrorismo — com o objetivo de recrutar "1 milhão de carteiros, fiscais de consumo de eletricidade, técnicos de televisão a cabo e outros trabalhadores com acesso a residências particulares como informantes para comunicar ao Departamento de Justiça qualquer atividade que considerassem suspeitas".[1] A Tips deveria começar com um programa-piloto em dez cidades e oferecia um número de telefone para ligações gratuitas. Os milhões de cidadãos que o programa pretendia alistar deveriam chegar à marca de um informante para cada 24 americanos. (A Aclu nota que esse programa-piloto sozinho poderia chegar ao dobro da proporção de informante por cidadão obtida pela Stasi. Em 1989, quando os arquivos da Stasi foram abertos, os ex-alemães orientais ficaram espantados ao saber que só uma minoria de cidadãos havia sido realmente espionada, porque a maioria simplesmente tinha certeza de que estava na mira do Estado.[2] É por isso que a espionagem é eficiente — até mesmo em relação aos custos: não é necessário monitorar de fato os cidadãos — é suficiente que eles saibam que podem ser monitorados.)

Tom Ridge, ex-secretário do Interior, sugeriu que os americanos usassem a linha direta para fazer relatos sobre seus vizinhos. Esse balão de ensaio foi recebido com zombaria: o *cable guy* vai ser transformado em espião! Embora o Congresso logo tenha proibido o governo de financiar o Tips, de acordo com a

Aclu uma outra versão do programa foi transportada para o "orçamento secreto" do Pentágono ("Eu não inventei essa história", comentou Steinhardt.)[3]

Na China, funcionários do Partido Comunista sujeitam cidadãos a três formas de vigilância governamental, chamadas de "triângulo de ferro". (Bush se referiu a três de seus assessores como "triângulo de ferro".) Elas consistem na autorização de residência, que define onde cada um pode viver; no arquivo secreto pessoal, que registra os pecados e a confiabilidade política do cidadão em questão, e na unidade de trabalho, que supervisiona todos os aspectos da vida da pessoa. O *dangan*, ou arquivo pessoal secreto, acompanha a vida de cada chinês. "Os *dangans* parecem fichários e há um sistema postal específico apenas para transferi-los dentro do país. Se você cometer um erro político grave, os vigilantes anotam em seu *dangan*, e isso vai assombrá-lo no futuro, cada vez que tentar mudar de emprego, viajar ao exterior ou obter uma promoção."[4]

Os cidadãos americanos agora têm um *dangan*: três novas formas de monitoramento do Estado foram inauguradas em 2005 e 2006. Os repórteres do *New York Times* Eric Lichtblau e James Risen divulgaram um programa de espionagem telefônica que operava sem mandados legais em 2005.[5] Em 2006, eles revelaram que funcionários do Tesouro, sob os auspícios de um programa da CIA, estavam examinando milhões de transações bancárias sigilosas sem autorização judicial.[6] As notícias foram recebidas como furos de reportagem. Mas estariam elas combatendo o projeto maior do governo ou ajudando, sem querer, que ele fosse eficaz? Quando não se sabe estar sob vigilância, não se é intimidado. As ditaduras querem que os cidadãos saibam que estão sendo observados.

O efeito final das reportagens, fossem elas furos ou vazamentos (ou ambos), é que os cidadãos americanos passaram a saber que tinham um "triângulo de ferro" de vigilância sobre eles: chamadas telefônicas — vida social e sexual; emails — vida profissional; e histórico bancário — vida financeira. Há mais algum lugar onde procurar informações privadas e confidenciais?

Os americanos sabem, mesmo que para a maioria de nós soe como uma possibilidade remota, que nossa correspondência mais íntima agora pode ser monitorada pelo Estado.

Essa vigilância está silenciando os críticos do governo. Emily Whitfield observa que "as pessoas já relutam em assinar petições". Dizem: "Não quero meu nome exposto numa lista."[7]

Muitos cidadãos perceberam como os democratas e outros líderes da oposição parecem relativamente calados sobre tudo isso. O novo Estado de vigilância ajuda a explicar essa moderação incomum. Os políticos entendem o que significa o monitoramento estatal mais rapidamente do que as pessoas comuns: em época de campanha, eles costumam dar como certo que seus oponentes estão tentando monitorá-los.

Quando trabalhei na campanha de Al Gore em 2000 — tratando de questões de interesse para o eleitorado feminino e o eleitorado jovem —, pessoas da equipe estavam seguras de que, para conversas confidenciais, deviam usar telefones fixos porque os celulares certamente ofereciam perigo. Antes de trabalhar para a Casa Branca ou para um candidato presidencial, você começa a procurar tudo o que pode ser potencialmente embaraçoso em sua vida passada ou presente porque todos sabem que, se a oposição encontrar alguma coisa para chantageá-lo ou constrangê-lo, ela vai usar. Você repassa seus investimentos e restituições de impostos; revê algum uso de droga no passado, confessa para a própria equipe qualquer negócio ilícito, tratamento de saúde mental ou de dependência, e revela como paga a babá de seus filhos. Você precisa fazer isso porque sua equipe tem de saber o que a equipe do oponente pode encontrar. Os comitês nacionais dos partidos investem vastas quantidades de tempo e dinheiro fazendo esse tipo de análise: é o que se chama de "pesquisa sobre a oposição" e, embora não seja agradável, é conduzida dentro das regras democráticas.

Mas agora a pesquisa sobre a oposição, que costumava estar reservada a líderes políticos, pode ser aplicada ao resto de nós. Os políticos não são brandos e inibidos por serem naturalmente chatos; eles são brandos e inibidos porque sabem que estão sendo observados. Consequentemente, se policiam.

Se o único objetivo do nosso governo fosse combater o terror, a maioria dos americanos não teria maiores problemas com esse tipo de vigilância. Eles entenderiam que o benefício de serem poupados de outro 11 de Setembro compensaria o desconforto de terem suas conversas espionadas. Whitfield diz que as pessoas sempre comentam: "Se não estou fazendo nada de errado, por que deveria me preocupar?"

Essa crença pressupõe que ninguém vai sair usando suas palavras ou ações contra você injustamente. É uma boa presunção numa democracia plena — mas uma ingenuidade desastrosa quando se vive numa virada fascista.

Ditaduras usam monitoramento dos cidadãos de forma clara: para chantagear e coagir pessoas, especialmente as de oposição. Nos anos 1960 e 1970, o FBI chefiado por J. Edgar Hoover reuniu arquivos sobre a vida particular de políticos, líderes sindicais, militantes dos direitos civis e pacifistas e fazia chantagens e intimidações. Entre as atividades dos programas de contrainformação do FBI (Cointelpro) estavam plantar falsas provas incriminatórias contra ativistas, mandar cartas anônimas acusando-os de adultério para destruir seus casamentos (uma delas chamou Martin Luther King de "besta imoral e demoníaca" e sugeriu que ele se matasse), revelar doenças sexualmente transmissíveis, grampear telefones, empenhar-se para que os ativistas fossem demitidos dos empregos, forjar reportagens que os caracterizassem como usuários de drogas e promover comentários negativos sobre eles na imprensa.[8]

Todos nós temos coisas de que gostaríamos de manter na privacidade: um flerte ou mesmo uma relação, uma luta contra o álcool, uma velha rusga com a lei. Pense em todas as coisas que você já disse em alguma conversa telefônica ou escreveu num email para um amigo, ou discutiu com seu contador, coisas que poderiam, caso estivessem disponíveis para alguém que quer calar você, ser usadas ou tiradas do contexto para chantagem ou calúnia. Perceba que agora todas essas coisas estão realmente disponíveis e podem ser usadas contra você.

O USA Patriot Act preparou o terreno para que livreiros, bibliotecários e até médicos sejam obrigados a entregar ao Estado informações sigilosas sobre cidadãos americanos. A Fundação Americana de Livreiros pela Liberdade de Expressão protestou contra isso e os bibliotecários também se manifestaram. (Os nacional-socialistas intimidaram igualmente os livreiros, bibliotecários e médicos.)

Quando sociedades fechadas recolhem informações sobre as vidas de pessoas comuns — quando as pessoas sabem que os registros de compras de livros e empréstimos nas bibliotecas estão abertos, seu comportamento sexual e decisões financeiras não são mais confidenciais, suas conversas são grampeadas, suas intervenções em sala de aula são gravadas, seus protestos fotografados pela polícia, seus históricos médicos são expostos e que toda essa informação pode ser usada contra eles —, a disposição de enfrentar o regime vacila.

VIGILÂNCIA FASCISTA E TOTALITÁRIA

A espionagem é o combustível do fascismo. Mussolini foi pioneiro no uso da vigilância como meio de controlar seu povo. Depois de 1922, os fascistas ostensivamente elaboraram listas com nomes de comunistas a serem punidos. Em 1927, já estavam grampeando telefones e até espionando o papa. Mussolini interceptou a linha do secretário do próprio partido para chanteageá-lo.[9] A partir de 1933, a polícia secreta estimulou os italianos comuns a fornecer informações sobre seus vizinhos. Houve pessoas que se sentiram motivadas a reclamar de outras que cantaram a música errada depois de beber. A polícia secreta também espionou líderes empresariais, incluindo Giovanni Agnelli. Finalmente, os italianos de todos os níveis da sociedade entenderam que estavam sendo observados.[10]

Himmler, o líder da SS, também usou métodos de espionagem. Ele "transformou a Gestapo numa organização que (...) vigia quase todos os aspectos da vida neste país e que mantém para Hitler e os políticos um olho vigilante no próprio Exército".[11] A maioria dos alemães de início não apoiava os nazistas. Mas, à medida que eles combinaram a vigilância aos cidadãos com a violência de Estado, a oposição se retraiu.

De 1930 em diante, a SS espionou os camisas-pardas e montou arquivos para usar contra eles.[12] Naquele ano, a polícia colocou multidões de cidadãos sob vigilância — meio milhão só em Berlim. Assistentes sociais e pesquisadores da área médica começaram a elaborar listas de cidadãos "antissociais". Uma vez "na lista", era difícil sair, e ela causava perda de empregos e benefícios.[13] Em meados da década de 1930, a maioria dos cidadãos entendeu que suas conversas haviam deixado de ser privadas e que os nacional-socialistas estavam gravando os contatos entre repórteres e líderes políticos. "É curioso encontrar sobre as mesas de funcionários do governo alemão com quem eu tenho contato cópias de cabogramas que enviei ao meu escritório em Nova York e vice-versa", escreveu Shirer em 1940. "Naturalmente eu já sabia que eles monitoravam toda minha correspondência e não cansava de me divertir em enviar mensagens absurdas para Nova York criticando esses funcionários pelo nome ou fingindo que estava tramando alguma coisa que eles não conseguiam entender."[14] Pode ser divertido — mas não se você corre o risco de ser preso.

Muita gente que viveu sob o nazismo declarou, numa pesquisa, que havia sido espionada pelos vizinhos, por colegas de trabalho ou de escola ou pela polícia. Algumas pessoas disseram que suas babás, empregadas, colegas de escritório e professores estavam todos listados como espiões. Como na Alemanha Oriental, apenas uma minoria — entre três e 25 de cada cem — tinha realmente certeza de que havia sido espionada, mas a paranoia se estendeu a todos.[15]

A vigilância nazista aumentou ao longo dos anos. "Nunca se sabia quem poderia ser quando a campainha de sua casa tocava", lembrou um alemão. "Nós, crianças, éramos proibidos de tocar nas cortinas (...) Havia sempre alguém vestido com uma capa de couro parado na entrada. E, quando tínhamos duas ou três visitas em casa, várias pessoas ficavam paradas lá fora."[16]

A secretária de Estado Condoleezza Rice é especialista em pelo menos uma sociedade de vigilância, que ela analisou num livro do qual é coautora, *Germany Unified and Europe Transformed* [Alemanha unificada e Europa transformada]. O filme alemão A *vida dos outros* revive esse monitoramento do cotidiano que a Stasi fazia. No enredo, dramaturgos presumem que há grampos nos apartamentos de seus amigos e passam a só discutir política quando estão ao ar livre; jornalistas preveem que seus apartamentos serão vasculhados e escondem escritos sob o assoalho. Vizinhos tinham que prestar informações sobre vizinhos, alunos sobre professores, filhos eram estimulados a entregar os pais. Informação equivalia a controle.

As autoridades tchecas também usaram monitoramento durante a Guerra Fria para esmagar a agitação pró-democracia. Havel descreve a apreensão que a polícia secreta tcheca gerava como uma "abominável aranha cuja teia invisível cobria toda a sociedade, causando um medo difuso e existencial que escorria por todas as frestas e fendas da vida cotidiana e levava a pensar duas vezes sobre tudo o que se dizia ou fazia".[17]

A China também usa vigilância para impedir a democracia. Os repórteres Nicholas Kristof e Sheryl WuDunn evocam uma cena similar àquelas ocorridas na Alemanha Oriental. Uma amiga chinesa convida Kristof para dar um passeio:

"Você conhece Hongjun, não?", ela pergunta. "Bem, você precisa saber que ele não é o que parece ser. É um espião do serviço de segurança estatal. Nunca confie a ele qualquer informação. Agora está interessado em você e Sheryl. Ele vem perguntando sobre um livro que acha que você está preparando e quer saber do que se trata. Quer saber se está escrevendo no HD do computador ou em disquetes. Se você estiver trabalhando num livro, tenha muito cuidado com ele."

"Fiquei sem palavras", escreve Kristof. "Eu não tinha falado com Hongjun sobre livro nenhum."[18]

Depois que os governos tomam essas providências, as pessoas começam a restringir suas atividades voluntariamente. Começam a pensar duas vezes em passar para frente emails sugerindo o impeachment de George Bush ou em visitar o site da Anistia Internacional para ver o que dizem os iraquianos que têm parentes detidos nas prisões americanas, ou enviar informação a um amigo sobre a controvérsia relacionada ao professor Ward Churchill.*

Nessa atmosfera, a opinião discordante se cala antes que possa evoluir.

A vigilância leva ao medo e o medo leva ao silêncio.

E o silêncio não combina com os Estados Unidos.

---

*Professor demitido da Universidade de Colorado por ter escrito um artigo em que dizia que as vítimas dos ataques do 11 de setembro eram de alguma forma responsáveis por eles. (*N. do T.*)

– CAPÍTULO SEIS –

INFILTRAR-SE EM GRUPOS DE CIDADÃOS

"O Congresso não legislará... proibindo... o direito do povo de se reunir pacificamente e de dirigir ao governo petições para a reparação de seus agravos."

PRIMEIRA EMENDA À CONSTITUIÇÃO

Na próxima vez que você se reunir com seu grupo pacifista, eu temo que tenha de se perguntar se todos os presentes são realmente quem você pensa que são. Por incrível que pareça, investigadores disfarçados podem muito bem estar a seu redor.

As ditaduras e os futuros ditadores costumeiramente se fazem infiltrar em agremiações legais de cidadãos para depois prestar informações à facção no poder ou que está procurando o poder. Historicamente, os infiltrados também estão orientados a perturbar as reuniões e perseguir os membros dessas organizações. O objetivo: levar à conclusão de que se tornou estressante e custoso demais ser um cidadão atuante.

Na Itália, os fascistas se infiltraram em organizações sindicais. Na Rússia de Stalin, espiões faziam relatórios sobre as atividades de intelectuais e dissidentes.[1] Na Alemanha, agentes nacional-socialistas se infiltravam em grupos de estudantes antinazistas, de comunistas e de militantes sindicais; esses agentes eram muito ocupados: até mesmo frequentavam cabarés onde se tocava jazz e outros tipos de música "antigermânica", para denunciar os músicos.[2] Na Alemanha Oriental, a Stasi se infiltrava em organizações dissidentes com os propósitos habituais. Em Praga, em 1968, espiões fingiam aderir aos grupos de escritores, artistas de teatro, jornalistas e intelectuais. No Chile, os agentes de Pinochet frequentavam grupos de estudantes pró-democracia.[3] O politburo chinês envia agentes para se infiltrarem em grupos religiosos e pró-democracia banidos.

A infiltração não é só um instrumento de espionagem. Como a vigilância, também é um fator de pressão psicológica. Quando o Estado começa a penetrar em grupos de cidadãos, as pessoas passam a se sentir vulneráveis ao interagirem umas com as outras. Portanto, evitarão correr o risco de adotar o comportamento de afirmação coletiva que a democracia requer.

Nas ditaduras, os agentes infiltrados se fazem acompanhar por *agentes provocadores* em passeatas e reuniões. Os *provocadores* não só agem e se vestem como os manifestantes: sua missão é provocar uma situação violenta ou até mesmo cometer um crime. Um espião do FBI, Gary Thomas Rowe, por exemplo, avisou a seu chefe que haveria uma batida da polícia na sede do grupo Freedom Riders — e participou ativamente do quebra-quebra que se seguiu.[4] Os *provocadores* também servem a um propósito de relações públicas: fazem os manifestantes parecerem foras da lei que ameaçam a sociedade e assim fornecem aos aspirantes a ditador supostas justificativas para declararem lei marcial como um meio de "restaurar a ordem pública".

Desde 2000, houve um acentuado aumento de infiltrações em grupos de cidadãos americanos por agentes do FBI ou da polícia comum, em geral por vias ilegais. Um relatório da Aclu de 2006 registra que na Califórnia a polícia se infiltrou em protestos contra a guerra, comícios políticos e outras reuniões garantidas constitucionalmente, e estava conduzindo investigações secretas sobre esses eventos, embora a lei estadual o proíba.[5]

Mas isso foi só o começo. Um programa do Departamento de Defesa chamado Talon criou uma base de dados de informações "antiterror" sobre ativistas e grupos pacíficos americanos.[6] A Talon continha detalhes sobre encontros que grupos pacifistas estavam planejando promover numa igreja, uma cerimônia religiosa pela paz em Nova York e reuniões de organizações totalmente insuspeitas como a Veteranos pela Paz. O Departamento de Defesa possuía até emails de pessoas que haviam se fingido de membros desses grupos.[7] Algumas organizações foram incluídas na base de dados sob a argumentação de que, se ainda não eram violentas, poderiam se tornar. Jen Nessel, do Centro de Direitos Constitucionais, disse "nós definitivamente avançamos para um modelo inspirado na prisão preventiva — você tem jeito de quem pode fazer alguma coisa má, então vamos prender você".[8]

Perseguição é uma tática mais séria. Antes da convenção republicana de Nova York em 2004, a equipe de informações da polícia mobilizou detetives por toda a cidade para se infiltrar em grupos que planejavam fazer uma manifestação pacífica durante o evento. Quando a União pelas Liberdades Civis de Nova York pediu que fossem abertos os registros desse trabalho de espionagem, os advogados da prefeitura argumentaram que eles deviam ser mantidos sob sigilo porque a imprensa iria "fazer alarde e sensacionalismo a respeito deles".[9]

Numa virada fascista, a verdade é redefinida como inconveniente — passa a ser vista como uma provocação destrutiva.

Hoje, se você expressa abertamente seus pontos de vista, está cada vez mais sujeito a enfrentar outros tipos de perseguição, como uma investigação da Receita. A Igreja Episcopal de Todos os Santos, em Pasadena, na Califórnia, foi devassada pela Receita depois que um pastor fez um sermão que caracterizava Jesus como contrário às guerras. (Um ano depois da aprovação do Espionage Act, em 1917, o reverendo Clarence Waldron foi sentenciado a 15 anos de prisão por distribuir um panfleto que dizia que a guerra era anticristã).[10]

A Receita pediu documentos e emails internos da igreja para investigar se havia violação das leis tributárias.[11] Muitas igrejas conservadoras ajudaram os republicanos. Duas do estado de Ohio abriram suas instalações para grupos do partido, foram anfitriãs de candidatos republicanos e receberam reconhecimento por angariar eleitores para Bush em 2004. E não foram investigadas pela Receita.[12]

A intimidação assume muitas formas. A pacifista Cindy Sheehan vestia uma camiseta com a mensagem "2.245 mortos. Quantos mais?", em referência à guerra no Iraque, numa galeria da Câmara dos Deputados. A polícia do Congresso a prendeu e a acusou de "conduta ilegal", o que poderia lhe custar um ano de prisão. Beverly Young, mulher de um congressista republicano, esteve no mesmo lugar com uma camiseta com os dizeres "Apoie nossas tropas". Pediram que ela saísse, mas ela não foi presa nem acusada de crime algum.[13]

Em 25 de julho de 2006, Jim Bensman, um dos coordenadores da organização ambiental Heartwood, estava num encontro público em Illinois, promovido pelo Corpo de Engenheiros do Exército, para discutir a proposta de construção de um canal numa barragem do rio Mississippi. Bensman defendeu a solução-padrão para o problema em foco: usar explosivos. Barragens costumam ser destruídas com explosivos, coisa que a apresentação feita pelo Corpo de Engenheiros durante o encontro já havia observado. Algumas reportagens sobre o evento afirmavam que Bensman "queria ver a barragem explodir".

Menos de uma semana depois, Bensman recebeu um telefonema de um agente do FBI, que o convenceu da autenticidade da ligação com informações sobre ele arquivadas na polícia. O agente também lhe disse que queria visitá-lo em sua casa. Bensman se lembra que, enquanto pensava "preciso falar com um advogado", o agente já concluiu de antemão: "OK, então vou anotar aqui que você não quer colaborar."[14]

Portanto, os americanos precisam mesmo tomar cuidado com o que fazem. Seja cuidadoso com o modo como se expressa. Não deixe suas anotações sobre uma reunião espalhadas por aí. Contenha suas reações espontâneas quando estiver falando com pessoas de sua comunidade. Tenha cautela ao exercer seu ativismo.

Tenha à mão o número de telefone de um bom advogado.

Mas, acima de tudo, estimule seus amigos e sua comunidade a se unirem num movimento autônomo para recobrar a liberdade de nossa nação.

– CAPÍTULO SETE –

DETER E LIBERTAR CIDADÃOS ARBITRARIAMENTE

"A Secretaria de Imprensa do Ministério das Relações Exteriores
concluiu que... eu estava incitando a 'disseminação de eventos
contrarrevolucionários na Alemanha Oriental'. Devido ao
papel que eu claramente desempenhava 'na guerra ideológica
da imprensa imperialista contra a Alemanha Oriental',
eu deveria ser incluído na lista..."

TIMOTHY GARTON ASH

A atividade de contestação tem sido vigorosa em nossa nação durante a maior parte da história porque ser livre significa que não se pode ser levado para a prisão arbitrariamente. Também nos sentíamos livres na segurança de nossos lares, acreditando que o Estado não pudesse invadir e vasculhar nossas propriedades.

Tudo isso está mudando.

"A lista"

Em 2002, comecei a perceber que, quase toda vez que eu ia embarcar num voo interno, era chamada de lado pela Administração de Segurança dos Transportes (TSA) e revistada minuciosamente. Quando isso passou a acontecer em nove de cada dez voos, eu perguntei aos funcionários sobre o porquê da revista especial. Eles me disseram que a procura se devia ao quádruplo S que geralmente aparecia nos meus cartões de embarque. Há várias razões para alguém receber um quádruplo S, mesmo que não tenha perfil de terrorista: comprar a passagem em cima da hora do embarque, por exemplo, ou pagar em dinheiro. Mas essas circunstâncias não se aplicavam a mim. Continuei perguntando, mas não obtive respostas satisfatórias.

A vistoria pormenorizada se tornou tão rotineira quando eu viajava que meus acompanhantes começaram a dizer "encontro você no portão de embarque" antes mesmo de cruzarmos a linha de segurança.

Durante outra dessas ocasiões, eu perguntei mais uma vez por que isso me acontecia sempre. A jovem agente de segurança me disse amavelmente: "Você está na lista."

"*Lista?*", perguntei. "Que lista?" O supervisor abruptamente encerrou nossa conversa, assumiu o lugar dela e depois me dispensou.

De fato a TSA mantém uma "lista". Os cidadãos americanos que constam dela e não se encaixam num perfil de terrorista vão de jornalistas e acadêmicos que criticaram a Casa Branca até líderes políticos que fizeram o mesmo.

As revistas detalhadas da TSA seriam triviais numa democracia ativa. Nos anos 1960, os pacifistas consideravam apenas aborrecido serem rastreados por agentes do FBI e nos anos 1980 aqueles que organizavam o Comitê de Solidariedade com o Povo de El Salvador (Cispes) em campi universitários até se divertiam em descobrir, quando faziam requerimentos baseados no Ato da Liberdade de Informação, que havia arquivos a respeito deles. Mas, uma vez que as etapas de uma virada fascista estão em andamento, estar na "lista" não é mais engraçado.

Quando se é detido fisicamente por agentes armados por causa de alguma coisa que se disse ou se escreveu, o impacto é outro. Por um lado, durante essas revistas na minha bagagem, eu sabia que era um peixe pequeno num lago grande. Por outro, fica imediatamente claro que o Estado está rastreando suas viagens, pode redirecionar você fisicamente e pode colocar homens e mulheres armados, que eventualmente não respondem a suas perguntas, para revistá-lo e dispensá-lo.

Nossa fé nas detenções "seguras" e não arbitrárias é um dos fatores que nos tornam americanos. Quando eu tinha 20 anos, aderi a um grupo de universitários que viajou de Oxford a Londres — para ser preso. Fomos todos para a embaixada americana. Lá nos sentamos, constrangidos, nos gelados degraus de concreto, com a faixa dizendo "Estados Unidos fora de El Salvador" enrolada sobre nossos joelhos. Um furgão da polícia chegou.

Policiais britânicos entediados nos levaram dali. Fomos trancados por algumas horas e depois, claro, liberados.

"Movimento fraco", comentou civilizadamente um dos guardas enquanto assinava os papéis que nos permitiam ir embora. Eu não tinha medo de protestar porque estava numa democracia e o Estado de direito me protegia.

Esse tipo de experiência de detenção e liberação confiável está se erodindo nos Estados Unidos. Os ativistas ainda não apanham. Mas estão sendo observados e algumas vezes detidos temporariamente como intimidação.

Nos Estados Unidos, não se espera que as pessoas sejam presas por causa de suas convicções políticas. Mas Edward M. "Ted"

Kennedy,* o senador liberal de Massachusetts que é uma pedra no sapato do governo Bush, foi preso cinco vezes nos aeroportos da costa leste em março de 2004. O congressista democrata John Lewis, da Geórgia, também foi submetido a medidas de segurança excepcionais.[1]

Em 21 de setembro de 2004, funcionários de segurança americanos desviaram para Bangor, Maine, um voo da United Airlines de Londres para Washington. A bordo estava Usef Islam, antes conhecido como o cantor Cat Stevens. Agentes da alfândega e da proteção de fronteiras o interrogaram "com base na segurança nacional".[2] A maioria dos americanos associa Cat Stevens não com a fabricação de bombas em campos de treinamento da al-Qaeda, mas com dançar música lenta ao som de *Wild World* nos salões de festas suburbanos — ele é "um de nós".

Jan Adams e Rebecca Gordon, pacifistas americanas, tentaram embarcar para Boston no aeroporto de São Francisco em agosto de 2002. Funcionários do aeroporto segundo os quais essas mulheres de meia-idade estavam na "lista principal" chamaram a polícia e notificaram o FBI. Pelo menos outros 20 militantes pacifistas têm presença confirmada na lista: uma freira católica de 74 anos que trabalha pela paz foi presa em Milwaukee; Nancy Oden, dirigente do Partido Verde, foi impedida de voar de Maine para Chicago.[3] Defensores da liberdade de expressão estão na lista: King Downing da Aclu foi detido no aeroporto de Boston em 2003.[4] David Fathi, também da Aclu, foi igualmente preso.[5] Acadêmicos que defendem a Constituição estão na lista. Em 2007, Walter F. Murphy, professor emérito de Princeton, um

---

*O senador faleceu em 25 de agosto de 2009. (N. do T.)

dos mais destacados constitucionalistas do país, que pouco antes havia criticado o assalto de Bush contra a Constituição, foi preso por estar na "lista de observação". Um funcionário da TSA lhe disse numa conversa informal que isso se devia provavelmente ao fato de Murphy haver criticado o presidente e avisou-o que sua bagagem seria revistada.[6]

Em 2005, o nome "Evo Morales" — do presidente da Bolívia, crítico de Bush — apareceu na lista, ao lado da data de nascimento do próprio.[7] Depois que Hugo Chávez, o presidente da Venezuela, fez um discurso na ONU criticando Bush, o ministro das Relações Exteriores venezuelano, Nicolas Maduro, foi detido no aeroporto Kennedy. Segundo Maduro, quando explicou que era o chanceler da Venezuela, os funcionários o ameaçaram e lhe deram empurrões. De acordo com o presidente Chávez, os funcionários acusaram Maduro de participar de atos terroristas.[8] O efeito intimidador desse último exemplo pode ser profundo: qualquer membro de um governo estrangeiro ou de um organismo regulador corre o risco de ser detido.

Neste momento há dezenas de milhares de pessoas na lista.[9]

De onde ela veio? Em 2003, o presidente Bush mandou as agências de informação e o FBI criarem uma "lista de observação" de pessoas suspeitas de terem contatos ou intenções terroristas. Essas agências passaram a lista para a TSA e as empresas aéreas. O telejornal *60 Minutes* obteve uma cópia: tinha 540 páginas. A relação de pessoas a serem chamadas de lado para vistoria extra continha 75 mil nomes. Uma outra relação, mais restrita, de pessoas que deviam ser impedidas de embarcar, continha 45 mil nomes. Antes do 11 de Setembro, eram só 16. A lista é tão secreta que até mesmo congressistas foram impedidos de conhecê-la. Alguns de seus integrantes são submetidos a buscas que podem demorar horas. Um cidadão americano, Robert Johnson, descreveu "o fator humilhante" de ser obrigado a se despir para ser revistado: "Tive de tirar as calças, os tênis e as meias. Fui tratado como um criminoso." Donna Bucella, que nessa época era chefe do programa do FBI que supervisionava a lista, disse ao *60 Minutes*: "Está bem. Robert Johnson será retirado da lista."[10]

Em 6 de dezembro de 2006, democratas no Congresso tentaram descobrir mais sobre as recentes informações de que o Departamento do Interior estava "usando um sistema de pontuação" que classificava os perigos oferecidos pelas pessoas que viajavam para fora do país. Os democratas temiam que essas listas não só impedissem as pessoas de embarcar em aviões, mas também de conseguir empregos. Segundo o *New York Times*, o senador Patrick J. Leahy, de Vermont, disse que "o programa, assim como outros esforços mais amplos de garimpar dados, pode dificultar a vida de americanos inocentes quando eles precisarem viajar ou conseguir um novo emprego — sem lhes dar a chance de saber por que estão sendo rotulados de risco à segurança".[11] Portanto, agora não há só o temor de poder ser preso — você pode também, se estiver em certas listas secretas, ser recusado para um emprego e nunca ficar sabendo por quê.

Ter o nome na lista pode levar pessoas inocentes a serem presas e torturadas.

Maher Arar é um cidadão canadense, consultor de software, marido e pai — um yuppie da América do Norte. Os Estados Unidos detiveram Arar quando ele estava trocando de avião no aeroporto Kennedy em 2002. Ele foi "entregue" à Síria. Forças de segurança do país o mantiveram na prisão por mais de um ano e surraram-no repetidamente com um pesado cabo de metal. O governo canadense promoveu uma investigação de dois anos e concluiu que tudo foi um erro terrível — Arar na verdade não tinha qualquer ligação com terroristas. Os canadenses ficaram tão estupefatos com essa aberração legal que o chefe da polícia nacional renunciou. Depois que foi libertado com a ajuda do governo do Canadá, Arar, talvez encorajado por viver numa democracia de verdade na América do Norte, processou o governo dos Estados Unidos.

O governo Bush negou-se a admitir que tinha cometido um erro, recusou-se a fornecer documentos e testemunhas aos investigadores canadenses e finalmente anunciou em janeiro de 2007 que tinha "informações secretas" para justificar a manutenção do nome de Arar na lista.[12]

E então, Arar, um cidadão norte-americano como você e eu, tem de viver com medo, talvez pelo resto da vida (seu advogado, do Centro de Direitos Constitucionais, disse que ele está sofrendo de estresse pós-traumático). Arar recusa receber homenagens em outros países porque cada vez que viaja para o exterior — quando ousa —, teme ser tirado do avião ou do trem, embarcado para outro país e sujeitado a tortura novamente.

Dificultar a entrada e a saída de pessoas estigmatizadas pelo governo é um capítulo clássico do manual de estratégia fascista. No processo de fechamento da Alemanha nazista, as fronteiras foram reforçadas e as famílias que fugiam do confinamento ficavam atormentadas com as dificuldades que iriam enfrentar nas fronteiras. Quando Timothy Garton Ash publicou artigos que incomodaram a Stasi, ele foi proibido de voltar à Alemanha Oriental. Os Estados Unidos recentemente começaram a recusar vistos a vários acadêmicos muçulmanos respeitados de universidades como a de Oxford — acadêmicos sem qualquer ligação com terroristas — porque eles são críticos da política americana. Isso aconteceu antes nos Estados Unidos: nos anos 1950, o FBI confiscou os passaportes de intelectuais e jornalistas que criticavam a caça às bruxas anticomunista.[13]

William Shirer descreveu a tensão nas buscas de suspeitos entre jornalistas na Berlim de 1938:

> Hans Kaltenborn, nosso principal comentarista de notícias internacionais, foi mandado de volta pela polícia secreta quando chegou a [o aeroporto de] Tempelhof, vindo de Londres, nesta tarde (...) Eu fiquei desconfiado quando os funcionários que verificam passaportes continuaram a retê-lo depois que todos os passageiros haviam sido dispensados (...) Os parentes alemães [de Kaltenborn], que estavam se expondo à possibilidade de serem presos só por estarem ali, continuaram bravamente na estação ferroviária. Eu finalmente me queixei a um homem da Gestapo por estarem nos segurando há tanto tempo (...) [Um] membro da Gestapo apareceu e anunciou que Hans tomaria o avião das seis horas de volta para Londres.
>
> — Por quê? Ele acabou de chegar de lá — eu falei alto.
>
> — E ele está voltando para lá agora — disse o policial.
>
> — Posso perguntar por quê?— disse Hans, fervendo por dentro, mas calmo por fora, embora gotas de suor brotassem de sua testa.
>
> O policial tinha uma resposta pronta. Olhando seu bloco de notas, ele disse com tremenda seriedade:

— Herr Kaltenborn, em tal e tal data em Oklahoma City, você fez um discurso insultando o Führer.

— Deixe-me ver o texto, por favor — Hans falou. Mas não se discute com a Gestapo... Hans foi empurrado para fora (...) E então ele desapareceu.[14]

As prisões e revistas de cidadãos americanos são apenas excesso de zelo do Departamento do Interior e da TSA? Ou essas histórias são um trabalho eficiente de divulgação de uma nova realidade? Os propagandistas do fascismo escolhem certos indivíduos, prendem-nos e depois os soltam, e então divulgam o que aconteceu. Todas essas pessoas — Bensman, o defensor dos peixes, Cat Stevens, o cantor de baladas, a freirinha idosa e a senhora pacifista — seriam vítimas não de uma simples falta de tato, mas lembretes de que agora americanos perfeitamente comuns podem ser enredados num aparato de Estado cada vez mais punitivo?

Será que o que aconteceu com Maher Arar pode acontecer a um cidadão americano? O capelão James Yee foi preso e posto sob investigação devido a suspeita de "espionagem e possível traição" em 10 de setembro de 2003. Mas não foi muito divulgado que ele se manifestou a favor de melhor tratamento aos presos de Guantánamo. Porta-vozes militares alegaram que Yee tinha com ele documentos sigilosos que continham diagramas de celas de Guantánamo e listas de prisioneiros. Ele também teria "ligações [com muçulmanos radicais nos Estados Unidos]".

O capelão Yee foi levado para um navio da Marinha em Charleston, Carolina do Sul, e interrogado.[15] Seus olhos foram vendados e os ouvidos, tapados; ele foi algemado e então colocado em confinamento solitário por 76 dias, proibido de receber correspondência, ver televisão ou ler qualquer coisa além do Corão. Sua família não tinha permissão de visitá-lo. Ele foi demonizado em rádio, TV e na internet e acusado de ser um elo numa "suposta cadeia de espionagem destinada a transmitir segredos para a al-Qaeda a partir de informações dadas por suspeitos de terrorismo presos em Guantánamo... Documentos judiciais informavam que ele seria acusado de organizar e praticar espionagem, de ajudar o inimigo, de amotinamento ou sedição e de desobediência aos superiores". O capelão Yee, nascido em Nova Jersey e criado como luterano antes de se converter ao Islã, ficou desconcertado com as acusações. Seus advogados receberam a informação de que ele poderia ser executado. Em seis meses, o governo americano retirou todas as acusações criminais contra Yee. Mas disse que fez isso para evitar que as provas contra ele, supostamente estratégicas, se tornassem públicas, não por ele ser inocente.

Yee foi solto — mas processado sob acusações que soaram como desculpas para puni-lo: "adultério, mentir para investigadores e fazer dois downloads de material pornográfico na internet". Na presença humilhante de sua mulher e da filha de 4 anos, os promotores militares incitaram a tenente da Marinha Karyn Wallace a testemunhar sobre seu caso extraconjugal. Os militares raramente abrem processo por adultério. O governo nunca apresentou provas que baseassem as primeiras acusações contra Yee. Mas, depois de solto, ele foi colocado "sob uma nova determinação do Exército para que não fale sobre sua provação em qualquer tom que possa ser encarado como crítico em relação aos militares". Se ele dissesse qualquer coisa negativa sobre o que havia acontecido, estaria sujeito a outro processo.[16]

(Em 2007, o tenente-coronel William H. Steele, que, como o capelão Yee, pediu condições mais humanas para os prisioneiros, também foi enquadrado por "dar apoio ao inimigo", recebeu quatro acusações e ficou sujeito a possível execução.)[17]

Resumindo, no caso de Yee, um cidadão americano inocente das acusações iniciais foi mantido em confinamento solitário por 76 dias. Seu nome foi destruído, sua família humilhada — *e ele não pode falar disso ou será preso de novo.*

Em 24 de julho de 2006, o capelão Yee disse ter sido preso mais uma vez, agora na fronteira do Canadá, quando tentava voltar para casa depois de uma viagem a Vancouver para ver uma apresentação. Yee foi interrogado durante duas horas.[18] Pode-se imaginar como aquele "nos acompanhe" deve ter sido recebido.

Na Alemanha, em 1933, detenções arbitrárias eram comuns. Em 27 de novembro de 1938, dois policiais chegaram à casa de Victor Klemperer para procurar armas. Enquanto eles vasculhavam os pertences do casal de judeus alemães de meia-idade, a senhora Klemperer cometeu o erro de pedir a eles para que não mexessem com as mãos sujas no armário de louças coberto de linho. O professor Klemperer foi levado preso e depois liberado: "Às quatro horas eu estava na rua com o curioso sentimento de estar livre, mas até quando?" (Em 1941, Klemperer passaria oito dias na prisão por ter esquecido de fechar as cortinas das janelas de sua casa durante um blecaute.)

As acusações contra as pessoas presas e logo depois soltas eram em geral vagas e difíceis de contestar. Numa pesquisa com cidadãos alemães que viveram naquela época, 36% relataram terem sido presos, interrogados e liberados. Um conhecido pastor de Colônia que costumava falar abertamente contra os nazistas foi preso e solto repetidas vezes.[19] Conforme avançavam os anos 1930, centenas de milhares de cidadãos alemães foram arbitrariamente presos e soltos.[20]

O general Pinochet usava essa tática também: toda hora os militares invadiam uma favela, prendiam pessoas em blitz aleatória, as mantinham atrás das grades por algum tempo e então as deixavam ir embora. A única razão real para isso era intimidar a população.[21]

"BUSCA E APREENSÃO ARBITRÁRIAS"

> *O direito do povo à inviolabilidade de suas pessoas, casas, papéis e haveres contra busca e apreensão arbitrárias não poderá ser infringido; e nenhum mandado será expedido a não ser mediante indícios de culpabilidade confirmados por juramento ou declaração, e particularmente com a descrição do local da busca e a indicação das pessoas ou coisas a serem apreendidas.*

QUARTA EMENDA À CONSTITUIÇÃO

Você já ouviu a expressão "buscas e apreensões sem fundamento" e, como muitas das coisas que se referem à Declaração de Direitos, neste tempo em que a democracia foi terceirizada a advogados e ativistas, é difícil para as pessoas comuns entenderem qual é a urgência do assunto. Se você não conhece a história da tirania que esta nação rejeitou quando da sua formação, tal linguagem cifrada, que ninguém contextualiza para você, pode soar quase como uma irrelevante advertência para "jogar limpo" — como se fosse sua mãe dizendo a seu irmão para não mexer nas suas coisas sem permissão. Que há de tão importante nas "buscas e apreensões sem fundamento"?

O FBI acusou Brandon Mayfield, outro yuppie comum — um advogado americano de Portland, Oregon —, de dar apoio ao terrorismo. Os policiais federais afirmaram que suas impressões digitais haviam sido identificadas em provas materiais dos atentados a bomba em Madri. Os agentes invadiram sua casa e seu escritório de advocacia e confiscaram um computador. Mayfield, muçulmano convertido, tem mulher e filhos. Pode-se imaginar o sentimento de chegar em casa com os filhos e descobrir que estranhos entraram nela e vasculharam seus pertences — e os deles.

Você deve ter visto o noticiário exaustivo insinuando que Mayfield estava realmente envolvido em terrorismo. Acabou ficando claro que era inocente. Mas, mesmo quando o governo declarou que suas impressões digitais não correspondiam àquelas encontradas no material explosivo, os Estados Unidos — de novo — se recusaram a admitir o erro e prenderam Mayfield por duas semanas em 2004, com períodos de confinamento solitário e de internação na ala psiquiátrica da prisão.[22] As acusações mais tarde foram retiradas. (Em novembro de 2006, o governo dos Estados Unidos concordou em pagar a Mayfield US$ 2 milhões para encerrar uma ação judicial que contestava a constitucionalidade do USA Patriot Act, uma vez que o FBI havia invocado essa lei para obter seus históricos pessoais.[23])

A maioria de nós não entende completamente os detalhes do debate em torno da insistência do governo Bush em evitar pedir mandados legais cada vez que lê nossos emails, abre nossa correspondência e escuta nossas ligações telefônicas — ou invade nossas casas sem que saibamos. O presidente Bush quer, com efeito, obter um "mandado universal" para fazer essas coisas.

Muitos de nós acham que um "mandado universal" soa razoável, até eficiente, em tempo de guerra.

Os Fundadores sabiam como um mandado universal era assustador, em tempos de guerra ou de paz. A Quarta Emenda rejeita especificamente mandados vagos e genéricos.

Por quê? Os americanos da era colonial sabiam melhor do que ninguém até que ponto as autoridades podem fazer uso abusivo de um mandado universal para invadir casas e apreender documentos pessoais. Mandados genéricos permitiram que funcionários da coroa britânica violassem a privacidade dos lares e locais de trabalho. A coroa britânica taxava tudo — de fornos a sabão até jornais, de velas a vidros até, claro, chá. Naquele tempo, agentes da alfândega da coroa invadiam brutalmente as casas das pessoas, devassavam seus baús e armários, saqueavam seus papéis e confiscavam seus bens — mesmo que não estivessem escondendo coisas pelas quais não tivessem pagado imposto.

Em 1754, militantes pró-independência advertiram sobre o perigo representado por esses agentes com o poder de arrombar portas, estourar cadeados, ferrolhos e correntes e invadir quartos de dormir e porões armados com nada mais do que um mandado genérico. Um mandado genérico significava que eles poderiam ir aonde quisessem sem ter de provar a um magistrado suas razões para suspeitar que uma determinada pessoa estava violando a lei. Significava que a casa de ninguém era realmente privada e segura.[24] Devido a tais violações a seus lares, os redatores da Constituição criaram a Quarta Emenda.

São os tiranos e os ditadores que enviam agentes para invadir casas e escritórios, confiscar papéis e destruir bens.

RESTRIÇÕES À LIBERDADE DE REUNIÃO

Se houver uma passeata a favor, digamos, da Constituição, esperamos estar aptos a entrar num ônibus, ou tomar o metrô, e nos unirmos aos concidadãos reunidos. Todo movimento pró-democracia depende de as pessoas quererem e poderem se manifestar coletivamente. Os meros números de cidadãos são uma das armas mais potentes de uma democracia nascente ou ameaçada. Foram multidões unidas que derrubaram o muro de Berlim, enfrentaram tanques chineses e venceram um ditador nas Filipinas. Cidadãos concentrados eliminaram as leis racistas e levaram a guerra do Vietnã ao fim. É um instrumento tão simples, mas tão poderoso.

É por isso que uma ditadura restringe os movimentos e reuniões de seus cidadãos — habitualmente por meio de decretos municipais ou toques de recolher. Os *arditi* de Mussolini, por exemplo, alertavam os cidadãos italianos para que ficassem em casa durante os comícios de massa dos fascistas. No México, a polícia atirou em manifestantes estudantis e fez feridos em 1968.[25] As forças do general Pinochet também atiraram contra pessoas que participavam de um protesto em 1982.[26] A repressão a atos públicos acostuma os cidadãos à ideia de que o Estado tem o direito de determinar seus movimentos e de dispersar grupos grandes de pessoas ou simplesmente de impedi-las de se reunir.

Nos Estados Unidos, os cidadãos supostamente têm o direito a "reunirem-se pacificamente". Mas em 2004, durante a Convenção Nacional Republicana, funcionários da prefeitura de Nova York barraram o acesso de manifestantes ao Grande

Gramado do Central Park. O prefeito Michael Bloomberg negou que a decisão tenha sido política. Mas o Conselho Nacional de Árabe-Americanos e a Coalizão Answer, um grupo antiguerra, entraram com ação judicial. Emails revelaram que, se os assessores de Bloomberg negaram a permissão de acesso alegando razões de "segurança", as verdadeiras razões eram políticas. "É muito importante que não permitamos nenhum evento grande ou político no período entre 23 de agosto e 6 de setembro de 2004", diz um email do Departamento de Parques.[27]

Em Nova York, esse não foi o fim das ameaças contra a liberdade de reunião. Em agosto de 2006, a polícia da cidade batalhou por novas regras para tornar ilegal a reunião de mais de 35 pessoas em protestos nas calçadas, a não ser que pedissem permissão prévia. A União de Liberdades Civis da Cidade de Nova York ressaltou que essa proposta restringiria uma grande gama de atividades cidadãs cotidianas, como excursões escolares e cortejos fúnebres. "Um casal atravessando fora da faixa ou uma família andando de bicicleta sem parar em todos os sinais vermelho estariam sujeitos a prisão por manifestação não permitida", a associação escreveu na página de opinião do *Times*.[28]

Por enquanto, os cidadãos americanos ainda podem se reunir, fazer passeatas e ser ouvidos. Mas você precisa se aliar a independentes e republicanos que estejam a sua volta e amem seu país para cultivar esses direitos — não converse apenas com os amigos que pensam como você. Precisamos praticar nossos direitos agora, enquanto nossas vozes ainda têm alcance — elevando-as em conjunto em defesa da liberdade.

– CAPÍTULO OITO –

PERSEGUIR PESSOAS-CHAVE

*"Ninguém pode equacionar as consequências para aqueles
que são espionados. (Na Alemanha Oriental: perda de posto na
universidade, como o jovem Brecht, perda de emprego, como
Erhard Haufe, represálias contra seus filhos, como aconteceu com
Werner, e prisão, como no caso do Dr. Wambier, com a sentença
judicial decidida de antemão — pela promotoria)."*

TIMOTHY GARTON ASH

Todas as ditaduras e aspirantes a ditadores estrategicamente direcionam suas armas para alguns indivíduos-chave. Perda de emprego e obstáculos na carreira são alguns dos primeiros tipos de pressão que essas pessoas provavelmente vão enfrentar.

Em 2001, a Fundação Nacional de Ciência deixou claro que seus subsídios não seriam mais concedidos de acordo apenas com critérios científicos se as pesquisas questionassem o programa político do governo Bush. Quando os recursos de patrocínio de um pesquisador são extintos, ele é neutralizado como cientista. O governo Bush abarrotou com aliados os comitês científicos consultivos, que eram para ser apartidários. Em fevereiro de 2004, a União dos Cientistas Preocupados publicou uma condenação desses abusos, com 6 mil assinaturas.[1]

Mais uma vez, essa pressão não é uma ideia original. Goebbels interferiu nas ciências também — até mesmo criando um instituto de ciência baseada em raça para substituir a "degenerada" ciência baseada em ciência. Quando os pesquisadores alemães se queixaram de que seu trabalho estava sendo prejudicado porque alguns membros haviam sido expurgados por não concordarem com a "linha do partido", Hitler observou que, a seu ver, a Alemanha podia passar sem física ou química por uma centena de anos.[2]

As universidades mantêm acesas as fogueiras da liberdade de expressão. Não é surpresa, portanto, que os partidários de Bush adotem a estratégia de perseguir os críticos do presidente nos campi. Na Califórnia, a lei SB5 (a "declaração de direitos dos estudantes") procura "equilibrar" as discussões em sala de aula. David Horowitz, do bem financiado e direitista Centro de Estudos da Cultura Popular, redigiu o modelo dessa lei. Sua versão encontrou apoio no Congresso. (Em 1º de maio de 1933, a lei *Neue Studentenrecht* foi aprovada na Alemanha, com o objetivo de utilizar organizações estudantis para alinhar as universidades aos valores do Estado nacional-socialista.)[3]

Acadêmicos republicanos, ao dar apoio ao senador que os representa durante a apresentação da SB5 no Congresso, disseram que "certos orientadores da Santa Rosa Junior College estão em desacordo com a lei do estado da Califórnia". Em 24 de fevereiro de 2005, alguém colou estrelas vermelhas e brilhantes nas portas das salas de dez professores esquerdistas daquela faculdade — uma instituição financiada pelo Estado.[4]

Deputados estaduais estão pressionando reitores para que enquadrem acadêmicos que criticam o programa político de Bush — outra tática com antecedentes históricos. Ward L. Churchill lecionava estudos étnicos como professor titular da

Universidade do Colorado. Ele escreveu um artigo que argumentava metaforicamente que muitas das vítimas do 11 de Setembro não eram "inocentes". Inoportuno? Insensível? Certamente. Mas numa sociedade aberta, ouvir um linguajar ofensivo é o preço que se paga pelo debate aberto.

Um grupo de alunos que apoiava o governo Bush convocou o conselho universitário para tomar providências contra Churchill. Deputados estaduais republicanos adicionaram pressão. O legislativo estadual supervisiona o conselho de reitores e o conselho de reitores supervisiona o presidente da Universidade do Colorado.[5] Em junho de 2006, o professor Churchill, que tem estabilidade — o que praticamente significa que não pode ser demitido — foi acusado de "má conduta acadêmica". O advogado dele disse que a razão real da condenação foi o teor político de seu discurso.[6]

Em 2006, Kevin Barrett, um conferencista sobre o Islã na Universidade de Wisconsin — outra instituição pública — esteve no centro de uma tempestade semelhante. Barrett "questionou conclusões oficiais a respeito dos autores dos ataques de 11 de Setembro", embora uma revista da universidade tenha atestado que ele não discutiu seus pontos de vista pessoais em classe.

Mesmo assim, programas de rádio conservadores atacaram Barrett e deputados estaduais republicanos de Wisconsin exigiram providências. "O deputado republicano Stephen Nass anunciou: 'Barrett tem de ser mandado embora.'" Nass usou a estratégia que tinha funcionado no Colorado: 61 deputados estaduais de Wisconsin — 60 deles republicanos — condenaram as "visões acadêmicas desonestas" de Barrett e pediram sua demissão. A resolução foi enviada a dirigentes da universidade. A Universidade de

Wisconsin é uma instituição pública como a do professor Churchill (assim como a Universidade Técnica de Dresden, onde Klemperer era catedrático em línguas românicas e especialista em Montesquieu antes de ser demitido). O reitor Patrick V. Farrel, cujos orçamento e salário são determinados pela Câmara Estadual, tentou resistir à pressão: "Quero evitar tanto quanto puder a criação de uma espécie de teste político para os orientadores e professores", ele disse.[7]

Em tempos de pressão, os cidadãos podem rapidamente perceber "para que lado sopra o vento". Os indivíduos se reagrupam e repensam suas posições. Logo depois do furor, Stanley Fish, agora professor de direito na Universidade Internacional da Flórida, afirmou num artigo para o *New York Times* que os professores que apresentam ideias partidárias em suas aulas e conferências merecem ser demitidos. A liberdade acadêmica, ele escreveu, não inclui o direito de expressar tais pontos de vista na sala de aula.[8] (Martin Heidegger escreveu um artigo em 1933, "A autoafirmação da universidade alemã", dando apoio à visão nazista sobre a finalidade da academia. Heidegger alegou que "liberdade acadêmica" era uma noção ultrapassada e deveria ser banida da universidade alemã.[9])

Idealmente, os professores não deveriam fazer discursos partidários para os alunos na sala de aula. Mas, na atmosfera de autocensura que Fish estava defendendo, um professor poderia se dar mal por ensinar que o governo Bush se recusou a assinar acordos com o objetivo de deter o aquecimento global ou a história da Constituição à luz dos acontecimentos recentes. Professores de ciência política, jornalismo, economia e direito constitucional estão especialmente em perigo. Não há maneira de avançar na discussão sobre essas questões urgentes sem tropeçar numa observação que possa ser interpretada como "opinião política".

Posta em prática por Mussolini, Goebbels, Pinochet ou pelo politburo chinês, é sempre a mesma tática: o Estado se debruça sobre os administradores das universidades, que se debruçam sobre os professores e estudantes.

Os fascistas italianos pressionaram os reitores para monitorar a política daqueles que eles supervisionavam: o reitor da Universidade Católica de Milão prestou informações sistemáticas à polícia secreta sobre estudantes antifascistas. Se você fosse um estudante ou um professor na Itália de Mussolini, expressar visões políticas contra a corrente poderia levá-lo a ser demitido — ou mesmo preso e enviado para exílio interno. Em 1927, se quisessem preservar seus benefícios sociais ou obter um emprego ou promoção, os cidadãos, incluindo os acadêmicos, passavam por um teste de fogo político.[10]

A Alemanha emulou a tática: desde o início dos anos 1930, os expurgos profissionais levaram acadêmicos e cientistas judeus e "comunistas" a emigrar, numa grande fuga de cérebros. Em 1933, cerca de 2 mil dos mais proeminentes artistas e escritores também tinham se exilado.[11] A publicação nazista *A Urtiga* caracterizou essa emigração como "um triunfo da nação alemã".[12]

A Liga dos Estudantes Alemães Nacional-Socialistas foi criada em 1926. Sua meta era forçar a demissão de professores independentes e orientar os recursos das universidades para os interesses nazistas, mais do que para a pesquisa pura. Em 1933, o ministro da Propaganda, Goebbels, pôs em prática um desses expurgos: "No começo do ano acadêmico de 1933-34, 313 professores titulares foram dispensados (...) Em 1934, cerca de 1.600

de um total de 5 mil professores universitários haviam sido forçados a deixar seus empregos (...) Muito rapidamente, ministérios de educação nazificados fizeram do critério político o instrumento central não só para nomeações, mas também para os métodos de ensino e pesquisa."[13] Em 10 de maio de 1933, estudantes nazistas orquestraram uma série de queima de livros — ocorrências planejadas para parecerem "espontâneas", mas na verdade dirigidas por Goebbels nos bastidores.[14]

Essa pressão sobre os estudantes e acadêmicos também teve lugar no Chile no início dos anos 1970. Os estudantes chilenos estiveram entre os poucos que, depois do golpe militar, ousaram fazer passeatas e reuniões, distribuir folhetos e criar cartazes atacando Pinochet. Mas o general expurgou acadêmicos não alinhados e administradores universitários e colocou os próprios militares nessas funções. Fechou departamentos inteiros, destruiu vários programas universitários e deslocou outros. Pinochet deixou claro que a vida estudantil estava sob nova direção: a dos comparsas. Era óbvio para os acadêmicos chilenos que eles tinham de apoiar a junta militar ou desistir de suas carreiras.[15]

Estudantes e acadêmicos são sempre os soldados de infantaria da democracia. Os estudantes tchecos ajudaram a fazer acontecer o movimento pró-democrático da Primavera de Praga. Os estudantes de Xangai e Pequim lideraram o movimento pela democracia em 1989 — foram alunos dos cursos de arte que levantaram a estátua da Deusa da Democracia na praça da Paz Celestial.

Você pode até não se machucar se for um estudante pró-democracia numa ditadura violenta, mas deverá ficar sem emprego. Tang Rimei, uma defensora do movimento pró-democracia da praça da Paz Celestial em sua universidade, conseguiu escapar de ser presa. Quando voltou para a escola, os professores pediram ao Estado que não a prendesse. Eles a protegeram com a promessa de que a puniriam administrativamente. Tang ficou grata: "Isso quis dizer que eu poderia continuar na universidade e me formar, mas que não conseguiria um emprego."[16]

PRESSÃO SOBRE ARTISTAS E HUMORISTAS

O governo Bush e seus partidários usam pressão econômica para silenciar ou punir outro grupo de "suspeitos habituais" que sempre são visados numa virada fascista: os artistas e humoristas. Em 2001, o apresentador do programa *Politically Incorrect*, Bill Maher, disse que os sequestradores do 11 de Setembro "não eram covardes". A imprensa de direita disparou uma saraivada de críticas. Os patrocinadores de Maher, grandes corporações como a Sears, deixaram de anunciar durante seu programa. E a rede ABC tirou-o do ar ao fim da temporada.

Durante um concerto em Londres na véspera da guerra no Iraque, Natalie Maines, vocalista das Dixie Chicks, disse: "Estamos envergonhadas por o presidente dos Estados Unidos ser do Texas." Blogueiros direitistas atacaram o grupo: o blog muito bem organizado *Freerepublic.com* convocou um boicote dos consumidores. No fim da semana, as execuções radiofônicas de canções do grupo haviam diminuído 20%.[17] A Cumulus Media, proprietária de 162 estações, impediu 42 delas de tocar as músicas das Dixie Chics. O empresário do grupo disse que o boicote não era espontâneo e sim insuflado. O *New York Times* noticiou em 2006 que outros artistas do disco temiam expressar pontos de vista críticos ao governo Bush — com medo de terem o mesmo destino que as Dixie Chicks.[18]

Uma estação da Cumulus em Shreveport, Louisiana, foi palco de um evento que contou com um rolo compressor para esmigalhar os CDs das Dixie Chicks.[19] Como mencionei anteriormente, outros grupos "espontâneos" queimaram os CDs. A banda recuperou o sucesso — agora com fãs diferentes — e até ganhou prêmios Grammy, mas ficou a lição do que pode acontecer com um artista.

Em 2007, o governo Bush chegou a ameaçar tomar atitudes contra o cineasta Michael Moore, levantando a possibilidade de confiscar seu filme, *Sicko*, antes que pudesse ser lançado nos cinemas.[20]

Goebbels entendeu bem o poder da imagem em moldar opiniões e, portanto, a necessidade de controlar todos os aspectos das comunicações e da cultura. Em 1933, ele criou departamentos distintos para nazificar "a propaganda, o rádio, a imprensa, o cinema, o teatro e a cultura educativa".[21] Cantores de cabaré, atores, diretores e músicos que não "se alinhassem" ao regime estavam liquidados profissionalmente. Os que o apoiavam quase sempre viram suas carreiras prosperarem.

As artes tchecas viveram um congelamento similar em 1948. Mas, duas décadas depois, o teatro, a literatura, a animação cinematográfica e as artes visuais ressuscitaram durante a Primavera de Praga. Essa explosão foi vista como desestabilizadora. O governo reprimiu de novo. Finalmente, apenas a arte "oficial" foi deixada livre de ameaças. O general Pinochet também perseguiu artistas e *performers*. Uma das primeiras pessoas "desaparecidas" no golpe foi o cantor folclórico Victor Jara, muito querido entre os chilenos.[22] (A Cuba de Fidel e a Nicarágua de Somoza também prenderam artistas, escritores e atores. As vozes criativas são perigosas para ditadores de qualquer convicção.) Nos anos 1950, os partidários de McCarthy no Congresso ameaçaram os executivos dos estúdios cinematográficos com boicotes, a menos que eles pressionassem seus atores, produtores e roteiristas a cooperar com os interrogatórios no Senado. Os que ainda assim se recusassem a obedecer eram incluídos nas listas negras de grandes grupos de comunicação, como a CBS e as empresas Hearst, e enfrentavam dificuldade para trabalhar.[23]

Pressão sobre funcionários públicos

Numa virada fascista, se os artistas da indústria do entretenimento são os mais visíveis, os funcionários públicos são os mais vulneráveis à perda de emprego: eles trabalham diretamente para os líderes. Goebbels, como vimos, expurgou o funcionalismo em 1933 e o setor privado fez o mesmo. Ele nutriu uma ira especial contra os advogados e juízes.

Victor Klemperer conta a história de um procurador distrital veterano na Suprema Corte de Berlim que não era membro do partido. O governo o demitiu, qualificando a medida de "aposentadoria temporária". Procuradores independentes em todo o país foram igualmente expurgados e substituídos por advogados leais ao regime.[24]

O governo Bush expurgou funcionários públicos que não seguiam a "linha do partido" muito antes do escândalo dos procuradores. Quando a repórter Dana Priest, do *Washington Post*, revelou as prisões secretas da CIA, a Casa Branca demitiu o funcionário que vazou a informação.[25] O Departamento de Justiça também fez saber que estava abrindo uma investigação criminal sobre o vazamento de informações a respeito do programa de escuta da Agência de Segurança Nacional para o *New York Times*.[26]

Em 2003, o tenente-comandante Charles D. Swift foi nomeado para representar Salim Hamdan, um taxista iemenita de 26 anos, acusado de ter sido motorista de Bin Laden. O governo Bush queria que o advogado militar convencesse seu cliente a se confessar culpado. Swift ficou escandalizado ao saber que o acesso de seu cliente a um defensor público dependia de sua disposição em negociar com ele uma confissão.[27] Nos Estados Unidos, um advogado não pode fazer isso — ele fez um juramento de que iria representar seu cliente honestamente. "Em vez de assumir essa tarefa moralmente repugnante", observou o *New York Times*, "o comandante Swift concluiu que as condições eram inconstitucionais. Ele fez seu dever e defendeu seu cliente (...) A Marinha respondeu acabando com sua carreira militar." Isso serviu de advertência para todos os outros advogados militares sobre os riscos que corriam caso se recusassem a rifar seus clientes.[28]

Os advogados particulares que ajudaram os prisioneiros também foram ameaçados com golpes em suas carreiras. Em janeiro de 2007, Charles Stimson, vice-secretário-assistente para assuntos carcerários do Departamento de Defesa, expressou "choque" ao saber que escritórios de advocacia americanos representariam os prisioneiros e sugeriu que os empresários do país deixassem de contratá-los — em essência, um boicote. Ele leu uma lista de nomes desses escritórios de advocacia numa estação de rádio.[29] Um boicote debilitaria essas firmas. (Os nazistas orquestraram um boicote econômico a escritórios de advocacia de propriedade de judeus, entre outros. Os alemães que eram representados legalmente por judeus ou que compravam em lojas de judeus eram tachados de "traidores". Tais boicotes não só destruíram os judeus economicamente, anos antes da "solução final". Eles também criaram uma "zona proibida": os alemães comuns entenderam que, se falassem em nome dos "outros", estariam igualmente sujeitos a represálias.)

Se alguém consegue demonstrar aos cidadãos que eles podem perder o sustento por se recusarem a acatar a linha do partido, não demora muito para que se "enquadre" toda uma sociedade civil intimidada.

– CAPÍTULO NOVE –

CERCEAR A IMPRENSA

*"O Congresso não legislará no sentido de estabelecer uma religião,
ou proibindo o livre exercício dos cultos; ou cerceando
a liberdade de palavra, ou de imprensa..."*

PRIMEIRA EMENDA À CONSTITUIÇÃO

Em todas as ditaduras, a perseguição à imprensa livre começa como pressão política — campanhas estridentes e raivosas para que as notícias sejam apresentadas de modo a apoiar o grupo que procura hegemonia. Os ataques evoluem para calúnias, planejadas para humilhar jornalistas pessoalmente; depois, editores sofrem pressões para demitir jornalistas que não estão papagueando a linha do partido. Desenvolve-se uma casta de repórteres e editores que apoia o regime, seja por convicção, desejo de promoção ou medo.

Esses regimes difundem notícias falsas numa campanha sistemática de desinformação enquanto perseguem vozes independentes.

Os Estados Unidos ainda são uma sociedade razoavelmente aberta na qual informações podem ser verificadas independentemente e uma sólida comunidade na internet consegue desmontar falsas afirmações. Mesmo nos Estados Unidos, porém, a expressão de opiniões está sendo punida e notícias falsas são disseminadas para desorientar o público.

No início do governo Bush, a mídia experimentou uma oposição excepcionalmente rápida e dura: a Casa Branca disse a repórteres que criticavam a administração federal que eles poderiam ser excluídos da lista de atualizações de sua assessoria de imprensa. É uma atitude agressiva, mas ainda assim pode ser considerada jogo limpo de acordo com o manual estratégico da democracia.

Depois, a rispidez se tornou calúnia pessoal. Quando o "czar" do combate ao terrorismo Richard Clarke escreveu o livro *Against All Enemies* [Contra todos os inimigos], a Casa Branca tentou desacreditá-lo jogando informações pessoais negativas sobre ele na enxurrada de notícias que circula diariamente pelas redações. De novo, essa iniciativa, embora desanimadora, ainda é parte da briga democrática. Difamações na imprensa remontam à Revolução Americana.

Mas, a partir de 2003, as pessoas que publicassem ou difundissem por rádio e televisão informações consideradas prejudiciais ao governo começaram a perder seus empregos. Valerie Plame, agente da CIA e mulher do diplomata Joseph Wilson, foi notoriamente "convidada a se retirar" da função pelo vice-secretário de Estado Richard Armitage e possivelmente por Lewis "Scooter" Libby, o chefe de gabinete de Cheney, em retaliação ao artigo que seu marido escreveu para a página de opinião do *New York Times*, argumentando que a justificativa das "armas de destruição em massa" para a guerra do Iraque foi baseada em informações falsas.[1]

Em 2004, Dan Rather, então âncora do noticiário da CBS, apresentou uma matéria sobre documentos que supostamente provavam que George Bush não comparecera para cumprir seus deveres como membro da Guarda Nacional Aérea do Texas durante a guerra do Vietnã. Quando ficou claro que os documentos eram falsos, um poderoso grupo de relações públicas republicano — Creative Response Concepts, o mesmo que levou a organização Swift Boat Veterans for Truth a atacar John Kerry na eleição presidencial de 2004 — conduziu uma agressiva campanha contra Rather na imprensa e em blogs de direita. Rather foi levado à aposentadoria precoce.[2]

E então o governo Bush começou a criar um ambiente de pressão no trabalho para os empregados da televisão (PBS) e da rádio (NPR) públicas nacionais.

TELEVISÃO E RÁDIO PÚBLICAS

A PBS foi reconfigurada em 2004, depois que o governo Bush instalou um aliado, Kenneth Tomlinson, como presidente da Corporação de Radiodifusão Pública. Ele contratou uma firma para mapear as inclinações políticas dos diversos intelectuais envolvidos na PBS, com o objetivo de expurgar a rede de seu viés "liberal".[3] (Goebbels fez o mesmo com os empregados da rádio estatal em 1933.) Artigos na imprensa, mais uma vez, caracterizaram essa atitude como uma extrapolação absurda de função, e Tomlinson renunciou ao cargo em 2005. Contudo, o efeito final da divulgação de que um levantamento havia sido feito foi advertir as classes tagarelas para o fato de que suas tendências políticas podiam ser rastreadas pelo Estado.

No ano seguinte, em julho de 2006, descobriu-se que Melanie Martinez, apresentadora de um programa infantil na PBS, *The Good Night Show*, havia atuado, anos antes, numa paródia em vídeo dos programas educativos pela abstinência sexual.

Os executivos da PBS a demitiram. Eles não alegaram que ela tinha mentido em seu currículo ou falhado em seu desempenho profissional de alguma maneira. Apenas disseram que o vídeo a tornou "imprópria" para a função. Dificilmente haverá algum funcionário da PBS ou da NPR que não tenha feito uma declaração política algum dia. O próprio ombudsman da PBS, Michael Getler, escreveu que a demissão de Martinez teve "cheiro de cobrança retroativa de lealdade e atestado de pureza feita a artistas que realizam muitos trabalhos diferentes".[4]

É apenas um programa infantil de TV. Lembremos, porém, que essa tática tende a começar de modo inofensivo, mas cria precedentes. A PBS também faz cobertura noticiosa e promove debates. Muitos espectadores começaram a notar a adoção de um tom mais reservado na emissora.

Num clima de ameaça de difamação, os jornalistas continuam a fazer reportagens em tom crítico ao governo. Mas, num clima de ameaça de perda de emprego — como aconteceu com Bill Maher e Dan Rather —, muitos vão caminhar com mais cuidado.

PERIGO DE PRISÃO NO PRÓPRIO PAÍS E DE VIOLÊNCIA NO EXTERIOR

Atualmente ninguém fere repórteres nos Estados Unidos. Mas há repórteres sendo agredidos fisicamente sob as vistas dos Estados Unidos no Iraque, em circunstâncias que organizações defensoras dos direitos da imprensa chamam de suspeitas.

Em 2003, a respeitada correspondente da BBC Kate Adie, numa entrevista à rádio irlandesa, disse que o Pentágono havia ameaçado dar tiros de helicópteros para atingir repórteres independentes, se fossem detectados sinais eletrônicos indicando que eles estavam transmitindo matérias. Adie disse que, quando um funcionário graduado do Pentágono foi indagado sobre a possibilidade de jornalistas serem mortos, ele respondeu: "quem se importa... eles foram avisados." Ainda segundo ela, o comando militar estava exigindo que os jornalistas independentes revelassem suas posições políticas a respeito da guerra.[5]

No início de abril de 2003, membros do governo como o secretário de Defesa Donald Rumsfeld estavam atacando a cobertura da guerra do Iraque feita por jornalistas "não alinhados". Eles mencionaram a rede de televisão árabe Al Jazeera em particular. Abril se tornou um mês sangrento para jornalistas "não alinhados" no Iraque.

A organização Repórteres sem Fronteiras registrou que em 8 de abril de 2003 "três jornalistas foram mortos pelo Exército americano num só dia". Tarek Ayoub, câmera e chefe do escritório da Al Jazeera, de 35 anos, morreu quando um míssil dos Estados Unidos atingiu as instalações da emissora. Organizações de defesa dos jornalistas alegaram que as forças americanas aparentemente apontaram para o hotel Palestine em Bagdá. O câmera da agência *Reuters* Taras Protsyuk, 35, também morreu, assim como outro câmera, espanhol, de 27 anos. "Os lugares atingidos eram todos conhecidos por serem usados por jornalistas, mas a investigação do Exército dos Estados Unidos acintosamente inocentou todos os envolvidos", protestou a Repórteres sem Fronteiras.

A entidade declarou que, contrariamente à afirmação dos militares americanos de que atiraram contra o hotel Palestine defensivamente, na verdade o ataque não foi provocado. "Estamos alarmados com o que aconteceu porque se sabia que os dois lugares abrigavam jornalistas", disse o secretário-geral da organização, Robert Menard. Ele observou que imagens filmadas por uma emissora de TV francesa mostraram que a área estava em silêncio "e que os soldados nos tanques americanos agiram com calma, esperando alguns minutos e ajustando suas armas antes de abrir fogo. Essa evidência não corresponde à versão do governo dos Estados Unidos de que se tratou de uma reação defensiva, e só podemos concluir que o Exército americano deliberadamente e sem aviso prévio atirou contra jornalistas (...) Muitos profissionais de imprensa 'não alinhados' reclamaram de terem sido detidos durante várias horas. Um grupo foi retido em segredo por dois dias e maltratado pela polícia militar americana", disse Menard.[6]

Robert Fisk, o conhecido correspondente do jornal britânico *Independent*, esteve nos escritórios da Al Jazeera em Bagdá em 4 de abril. Ele disse a Ayoub que seu local de trabalho seria um alvo fácil se os Estados Unidos quisessem destruí-lo. "Não se preocupe, Robert", Ayoub disse, reafirmando que a equipe da Al Jazeera sabia que o lugar era seguro — afinal, tinham alertado as forças americanas sobre sua posição exata poucos dias antes.[7]

Até a Al Jazeera acredita que os Estados Unidos cuidariam da segurança dos jornalistas.

Um ano depois, os jornalistas ainda estavam correndo risco. De acordo com uma entrevista de um repórter da emissora, Ahmed Mansur, a Amy Goodman, do site *Democracy Now!*, e também de acordo com Jeremy Scahill do jornal *The Nation*, o porta-voz militar Mark Kimmitt anunciou que estações como a

Al Jazeera, que filmavam soldados americanos matando mulheres e crianças em Fallujah, não eram fontes legítimas de notícias, mas "veículos de propaganda".[8] O *Daily Mirror* britânico noticiou que, mais ou menos ao mesmo tempo, Bush disse ao primeiro-ministro Tony Blair que ele queria bombardear a Al Jazeera.[9] Em 15 de abril de 2004, Donald Rumsfeld declarou que a cobertura da emissora sobre o cerco a Fallujah era "perversa, imprecisa e indesculpável. É deplorável o que a estação está fazendo".[10]

Um câmera da Al Jazeera foi detido pelos Estados Unidos durante quase seis anos. Nicholas Kristof descreve o que aconteceu com Sami Al-Haji, que tem formação universitária e fala inglês. Ele foi preso quando cobria a guerra no Afeganistão. Na prisão militar americana em Bagram, ele foi "repetidamente espancado, chutado, deixado sem comida e em temperaturas congelantes e submetido em público a revistas na região retal". Seis meses depois ele foi embarcado para Guantánamo e de novo agredido brutalmente. Seus interrogadores alegavam que ele havia obtido imagens em vídeo de Osama bin Laden, mas essa acusação desmoronou quando começou a ficar claro que o confundiram com alguém que tinha nome parecido. Fizeram muitas outras acusações, mas não as levaram em frente nos interrogatórios, preferindo tentar tirar informações comprometedoras sobre a Al Jazeera.

De acordo com o advogado de Al-Haji, os interrogadores disseram a ele que seria libertado imediatamente se concordasse em espionar seus empregadores. Quando Al-Haji perguntou o que aconteceria se não o fizesse, o interrogador, segundo ele, disse: "Você não faria isso, porque poria seu filho em perigo."[11]

Não são apenas jornalistas de veículos noticiosos "estrangeiros" como a Al-Jazeera que enfrentam riscos impostos pelas forças americanas no Iraque: as equipes da rede CBS e da agência noticiosa AP também foram discriminadas.

Larry Doyle, chefe do escritório da CBS News em Bagdá, recebeu um email às 10 da noite de 21 de março de 2006 informando que seu cameraman Abdul Ameer Younis Hussein seria julgado em menos de 12 horas. Os advogados de Hussein não receberam nenhum aviso do julgamento. Hussein havia sido ferido pelos militares americanos e retido sob custódia.[12] (A Repórteres sem Fronteiras requereu uma investigação sobre o incidente: "Mais uma vez as forças americanas perseguiram um jornalista que está apenas fazendo seu trabalho."[13])

Doyle disse que a CBS "se frustrou" ao tentar descobrir que provas haveria contra o membro de sua equipe. Hussein ficou preso um ano em Abu Ghraib. "Tudo o que queremos é um processo justo para o Sr. Hussein", disse a porta-voz da CBS, Sandy Genelius.[14] As poucas informações que os colegas puderam descobrir sobre sua prisão indicavam que uma força-tarefa americana alegou que Hussein "parecia estar instigando a multidão" em Mosul, mas essas acusações não foram tornadas públicas. Durante mais de dois anos, ninguém na CBS conseguiu descobrir acusações ou provas contra ele. Hussein estava sujeito a cumprir prisão perpétua se fosse condenado. Tempos depois ele foi inocentado de todas as acusações pelo procurador-geral do Iraque.[15]

A agência AP também não conseguiu garantir a segurança de seu funcionário. Os militares americanos no Iraque prenderam o fotógrafo — ganhador do prêmio Pulitzer — Bilal Hussein (sem parentesco com o câmera da CBS) em abril de 2006, sob o argumento de que ele era uma ameaça à segurança. São famosas as imagens feitas por Bilal Hussein do sofrimento de mulheres e crianças na guerra. Mas as autoridades americanas nunca apresentaram acusações ou permitiram uma audiência pública. "Queremos que a lei prevaleça", disse Tom Curley, presidente e executivo principal da AP. "Ou ele é acusado ou é solto."

Mas o major-general Jack Gardner enviou um email para o editor de notícias internacionais da AP dizendo que Bilal Hussein tinha "relações próximas com pessoas notoriamente responsáveis por sequestros, contrabando, atentados com explosivos caseiros e outros ataques às forças de coalizão".[16] Isso põe em risco todos nós, repórteres: qualquer profissional decente algum dia vai desenvolver "relações" — até "relações próximas" — com fontes que são pessoas muito más, para fazer seu trabalho. Muitos prêmios Pulitzer foram ganhos por reportagens que começaram com um jornalista fazendo amizade com uma pessoa asquerosa.

Se você não ficou sabendo desses dois casos, pode ser porque os executivos da CBS e da AP não querem, compreensivelmente, aumentar ainda mais o risco a que estão sujeitos seus colaboradores presos.

Mas imagine o que significa hoje ser presidente da CBS News ou da AP — e saber que você não pode garantir a um de seus repórteres um julgamento justo, quanto mais tirá-lo da prisão. Sim, tudo isso acontece num país longínquo. Mas essas prisões não têm efeito propagador em nosso país? Esse ato de terror do Estado não envia uma mensagem à comunidade de jornalistas em casa — ainda que apenas na forma de um burburinho informal? E se alguém é repórter para uma dessas organizações, não hesitaria — pelo menos inconscientemente — em escrever alguma coisa que pode enfurecer o governo e pôr em risco ainda maior um colega?

Numa sociedade em processo de fechamento, os repórteres começam a se machucar mais diretamente.

Neste exato momento, a Rússia se orgulha de ostentar ornamentos de democracia. Mas, em 2006, a famosa repórter Anna Politkovskaya, que relatou verdades que o governo queria omitir sobre a Chechênia, foi morta a tiros no prédio em que morava.[17] Em janeiro de 2007, o editor de jornal Hrant Dink, que publicou verdades que o governo não queria que fossem expostas sobre o massacre de armênios na Turquia, foi morto a tiros no país.[18] As pessoas que cometeram os dois assassinatos provavelmente vão escapar de punição. É isso que acontece a repórteres e editores em países que não são verdadeiramente livres.

Embora ninguém ameace os jornalistas fisicamente nos Estados Unidos, eles estão enfrentando ameaças de outros tipos. É prática-padrão dos ditadores começar a recategorizar a busca de notícias como "ameaça à segurança nacional". Isso prepara o terreno para mais perseguições. Num site do Exército americano em 2007, a imprensa é catalogada como uma ameaça a mais, ao lado dos itens "al Qaeda", "senhores da guerra" e "cartéis das drogas".[19] A *Columbia Journalism Review* advertiu que isso envia "uma mensagem inequívoca a soldados e funcionários do Departamento de Defesa de que os repórteres devem ser tratados como inimigos".[20]

Os jornalistas estão enfrentando quantidades crescentes de investigações e intimações judiciais nos Estados Unidos. Em agosto de 2006, um tribunal deliberou que o promotor podia apreender os registros de telefonemas dos jornalistas Judith Miller e Philip Shenon, referentes a uma reportagem que eles estavam escrevendo sobre uma instituição beneficente muçulmana.[21] Os editores da Time Inc. alertaram seus repórteres de que "a maioria dos registros eletrônicos, incluindo emails, podem ser utilizados para intimações e recuperados em litígios judiciais".[22] David Barstow, um repórter do *New York Times*, disse ao jornal dominical inglês *Observer* que seu jornal começou a organizar seminários sobre legislação para ajudar os jornalistas a evitar o que o editor-executivo Bill Keller chamou de "os persistentes perigos legais com que nos confrontamos". "Nesse contexto maluco, com intimações etc., existe um sentimento de que você tem de agir como um traficante ou um mafioso... Uma intimação deixou de ser um ameaça abstrata", disse Barstow. Um colunista do *Observer* escreveu que alguns dos conselhos dados a repórteres nesses seminários "soavam como instruções para trabalhar atrás da Cortina de Ferro antes da queda do comunismo — evocando a cena em que A.M. Rosenthal queima suas anotações quando era repórter na Polônia."[23]

Não são apenas intimações que ameaçam os jornalistas agora. É possível ser acusado também. Em agosto de 2006, o Departamento do Interior acusou Greg Palast, autor de um best seller crítico do governo, *Armed Madhouse* [Hospício armado], e o produtor de TV Matt Pascarella de "filmar sem autorização uma 'peça decisiva da segurança nacional'". Palast e Pascarella estavam na Louisiana, documentando refugiados do furacão Katrina que ficaram sem teto. Eles filmaram uma refinaria da ExxonMobil atrás do acampamento dos refugiados para dar uma ideia de como era insalubre o ambiente para crianças e idosos.

Logo em seguida, Palast recebeu uma ligação do detetive Frank Pananepinto: ele estava sendo processado por causa da filmagem. O tom de Palast em seu blog é otimista: "Matt e eu ficamos bem de cor de laranja." Mas também apreensivo: "Antes de mais nada, não se trata de brincadeira: Matt e eu estamos sendo processados com acusações malucas."[24]

É assim que as coisas parecem quando o terreno começa a mudar de uma democracia para outra coisa menor. São variações de tom: Isso é uma piada? Ou estou mesmo encrencado?

Uma história dessas pode até ser engraçada — se terminasse por aí. Mas 30 histórias como essa são suficientes para um ponto de inflexão. Nos registros de sufocamento de sociedades abertas, não são necessários muitos desses episódios para que as coisas mudem inteiramente.

CONTROLE DA IMPRENSA NO PASSADO

"Enquanto eu tiver uma caneta na mão e um revólver no bolso, não temo nenhum homem", escreveu Mussolini, que havia sido editor de um jornal.[25] Cada líder fascista que estamos vendo procurou agressivamente controlar a imprensa e em pouco tempo foi bem-sucedido.

Em 1923, comissários fascistas tiveram permissão de seus líderes em Roma para ocupar redações de jornais e cobrar multas dos proprietários se fosse publicada alguma coisa que pudesse "prejudicar a honra nacional dentro e fora da Itália" ou alarmar e amedrontar a opinião pública e assim perturbar "a ordem". O decreto que lhes dava esse poder era redigido de maneira ambígua — como tantos outros decretos fascistas — com o objetivo de levar os jornalistas a cercearem a própria liberdade. Mussolini criou um sistema de registros para garantir que a imprensa italiana andasse na linha: em 1928, todos os repórteres tiveram de se cadastrar como fascistas. Esse método seria imitado rigorosamente por Goebbels. Mussolini justificou o controle à imprensa em nome do patriotismo. A "disciplina" em relação ao noticiário, segundo os fascistas, "servia aos interesses da nação", como escreve Bosworth.[26]

Mussolini também entendeu como era crucial para ele ganhar controle da rádio pública — que, é claro, nessa época, era cultura popular. Em 1925, Mussolini havia criado uma comissão investigativa, a Eiar, para isso. E uma sólida indústria cinematográfica fascista foi desenvolvida depois de 1933.[27]

Em sociedades fechadas ou em vias de fechamento, repórteres são presos por revelarem "segredos de Estado" ou "informações sigilosas". Em 1931, por exemplo, o influente editor de esquerda Carl Ossietzky foi condenado a 18 meses de prisão por ter publicado documentos mostrando que o Exército alemão estava empenhado num combate que violava o Tratado de Versalhes. Ele seria preso, solto, preso de novo e torturado durante toda a era nazista e, apesar de protestos internacionais e um prêmio Nobel, ele morreria em consequência dos abusos que sofreu.[28]

Durante os expurgos de 1933 na Alemanha, Goebbels demitiu 13% dos funcionários da rádio estatal em seis meses. Os demitidos não eram apenas judeus, mas também liberais, social-democratas e outros em desarmonia com o novo regime. Técnicos e jornalistas vistos como simpáticos à antiga linha liberal das transmissões foram presos sob acusação de corrupção e levados para o campo de concentração de Oranienberg, onde foram condenados após um grande julgamento de fachada no ano seguinte.[29]

Na China comunista, depois dos protestos pró-democracia de 1989, repórteres também foram perseguidos. "As autoridades nos ameaçavam, nos denunciavam e quase nos expulsaram do país", escreveram Kristof e WuDunn. "Em pelo menos 18 casos desde (...) 1978 chineses foram para a prisão ou para campos de trabalho, às vezes para a vida inteira, por terem ajudado correspondentes estrangeiros."[30]

NOTÍCIAS FALSAS E DOCUMENTOS FORJADOS

"As massas caem mais facilmente numa grande mentira do que numa pequena", Hitler escreveu em *Mein Kampf*. Os fascistas confiam em "gestão da percepção" — o que a comunidade de informação chama de "info ops" — porque suas táticas não passarão pelo escrutínio de uma imprensa livre. Portanto, numa virada fascista, enquanto jornalistas de verdade estão sendo amordaçados, caluniados ou expostos ao desemprego, há um uso crescente do espetáculo para transmitir "mensagens" — e o espetáculo é acompanhado pela produção de notícias e de documentos falsos.

A doutrinação, combinada com o espetáculo, pode ter efeitos impressionantes durante a ascensão do fascismo. A comunicação dos regimes fascistas tem vantagens de que os meios democráticos, mesmo em sua mais alta sofisticação, não dispõem. Podem-se usar vozes e imagens homogêneas, livres de discordância, em vez de tentar organizar a confusão das discussões pluralistas. Esse poder de produzir mensagens épicas, combinado com a força do espetáculo, é um conhecido aspecto da sedução do fascismo.

Goebbels coordenou a mensagem nazista com cenários monumentais, iluminação flamejante e panos de fundo heroicos desenhados pelo arquiteto Albert Speer. Os cenários transmitiam força e permanência — o Reich que duraria cem anos e era incontestável. Hitler, que estudou para ser artista visual, também conhecia o poder emocional do espetáculo. Ele encomendou a uma jovem cineasta chamada Leni Riefenstahl a criação de O triunfo da vontade, um clássico filme de propaganda. Hitler admirava sua persona nórdica e desafiadora e queria que ela criasse mágica para ele. O filme de Riefenstahl foi exibido repetidas vezes a audiências cinematográficas alemãs e saturou suas consciências, criando uma sensação de invencibilidade em torno de Hitler e dos nazistas.

Riefenstahl começou sua carreira como uma audaciosa atriz de filmes de ação. Em SOS Iceberg, ela voa num aviãozinho — sozinha — e realiza uma aterrissagem dramática. Riefenstahl também construiu uma cena, num dos primeiros filmes que dirigiu, em que um jovem herói de guerra nazista é saudado por admiradores ao abrir a porta de seu pequeno avião.

O triunfo da vontade repete esse leitmotiv: o avião de Hitler desce pelas nuvens e pousa. Civis e paramilitares uniformizados se aglomeram em torno da porta do avião para recebê-lo. Hitler emerge para passar em revista as tropas, vestidas identicamente e formando filas geométricas. Hitler tem uniforme próprio, com um cinto e uma bandoleira no peito, ambos de couro preto. Seus culotes cor de bronze são enfiados em botas de couro preto e ele carrega um quepe militar na mão esquerda. Algumas cenas depois, Hitler saúda e se dirige a uma massa vasta e ordenada de soldados que, numa cena épica, aclamam o líder. Imensas bandeiras verticais são visíveis por toda a multidão. Como pano de fundo do desfile vê-se a enorme águia estilizada de Speers, com suas asas abertas, no centro da qual está um círculo contendo as linhas interseccionadas da suástica. Em outro filme, sobre a convenção do partido em Nuremberg, Hitler diz: "Eu peço... seu apoio para a realização desta missão... a nossa é uma grande missão."

Na cerimônia conhecida como "Missão Cumprida",* Bush desce sobre as águas num pequeno avião que ele está copilotando. Pousa num porta-aviões, de onde emerge para passar as tropas em revista e se dirigir a elas. Pessoal militar uniformizado se aglomera em torno da porta do avião, esperando para receber o presidente.

Bush está vestido num uniforme de voo verde com muitas faixas de couro e um grande número de ferramentas atravessadas no peito. Está calçando botas de couro preto e segura seu capacete na mão esquerda. Uma grandiosa bandeira horizontal em que está escrito "missão cumprida" se estende atrás dele. Os soldados estão parados numa vasta extensão de filas ordenadas. Seus aplausos duram longos minutos.

O evento a bordo do porta-aviões *Lincoln* foi coreografado por uma equipe de especialistas em produção de TV: Scott

---

*Cerimônia televisionada, em 1º de maio de 2003, na qual Bush, discursando no convés do porta-aviões *Lincoln*, declarou que a principal fase de combates da guerra do Iraque tinha terminado. (*N. do T.*)

Sforza, ex-produtor da rede ABC, Bob DeServi, ex-cameraman da NBC e especialista em iluminação, e Greg Jenkins, ex-produtor de noticiário da Fox News. De acordo com Elisabeth Bumiller, a equipe orquestrou todos os aspectos visuais do evento, "até mesmo os membros da tripulação do *Lincoln*, ordenados segundo a combinação das cores de suas camisas, atrás do ombro direito do Sr. Bush". As declarações do presidente foram feitas no período que produtores de cinema e TV chamam de "hora mágica", com o sol poente "deitando um brilho dourado sobre o Sr. Bush".[31]

Propaganda é parte tanto do aparato fascista quanto do democrático: nos Estados Unidos, há os anúncios políticos pagos, por exemplo. Mas, se o manual de instruções democráticas prevê exageros e táticas de manipulação, o mesmo não se pode dizer de mentira descarada e documentos falsificados.

As ditaduras são especialistas em contrafação. Hitler escreveu que "toda propaganda eficiente precisa ser limitada a bem poucos elementos e bater nessas mesmas teclas com slogans, até que o último membro da audiência entenda o que queremos que ele entenda..." Ele afirmava que a boa propaganda fala aos sentimentos, não à razão, e que "nunca deve admitir um lampejo de dúvida sobre as próprias afirmações, nem conceder o mais minúsculo elemento de contestação ao outro lado", segundo Evans.[32]

Para dar apoio a suas campanhas de desinformação, esses regimes costumam trabalhar com documentos falsificados, que invariavelmente afirmam a existência de uma ameaça à população. Orwell satirizou essa tática em A *revolução dos bichos*:

"[Bola-de-Neve] era o agente secreto de Jones o tempo todo. Tudo foi provado por documentos que ele deixou atrás de si e que acabamos de descobrir."[33]

Em 10 de maio de 1940, o coronel Joachim von Ribbentrop explicou numa entrevista à imprensa que o Reich achou necessário enviar tropas para invadir os Países Baixos, a fim de "salvaguardar a neutralidade da Bélgica e da Holanda". William Shirer qualificou essa afirmação de "hipocrisia sem sentido" e observou, enojado, que a iniciativa era "respaldada" por um documento falsificado com o objetivo de "provar" que esses países estavam para invadir o vale do Ruhr.[34] Propagandistas nazistas também alegavam — mentirosamente — que 3 milhões de alemães étnicos (*Sudeten*) na Tchecoslováquia estavam sendo perseguidos e sofrendo abusos.[35]

Depois do golpe de Pinochet, revistas e noticiários de TV mostraram imagens dos depósitos de armas que os golpistas diziam ter encontrado nas casas de líderes do partido oposicionista. (Uma série de imagens do Iraque também mostrou depósitos de armas como esses, com as armas alinhadas em pilhas uniformes.) Os comandantes do golpe chileno também publicaram um "livro branco" sobre um "plano Z" — a elaborada conspiração que, segundo eles, havia sido posta em funcionamento para matar vários líderes políticos simultaneamente. Alguns chilenos acreditaram na veracidade do Plano Z; outros acreditavam que as acusações foram arranjadas para fornecer uma desculpa para a tomada do poder.[36] Mas, na verdade, não fazia diferença.

Depois de um certo ponto de uma virada fascista, tanto faz se a maioria das pessoas acredita ou não nas notícias falsas —

chegará uma hora em que elas não terão acesso suficiente à informação correta para avaliar o que é real ou não. Em depoimentos sobre o levante pró-democracia chinês em 1989, podiam-se ouvir cidadãos bem-intencionados tentando lidar com o seguinte: a rádio *Voz da América* estava noticiando os protestos corretamente, ao descrever os manifestantes como estudantes idealistas, mas o politburo acusava a *Voz da América* de espalhar mentiras antipatrióticas. A TV, a imprensa e a rádio estatais chinesas chamavam os militantes de "criminosos" e "agressores" contrarrevolucionários. Muitos cidadãos, amedrontados, escreviam cartas aos jornais explicando, pateticamente, que haviam comparado com paciência os informes da *Voz da América* e do politburo — e concluíram que os últimos eram mais precisos.

Eu acho comovente a luta desses cidadãos para separar a verdade e as mentiras. Nesse ponto, o Estado tornou a verdade fungível.

A história nos mostra algumas razões por que os governos podem se dedicar com tanta determinação a plantar notícias falsas e acusar os que falam a verdade de mentir.

Talvez o paredão de mentiras sirva a um propósito mais substancial do que simplesmente marcar posição. Jogar uma corrente de mentiras no fluxo de informações é parte das operações psicológicas clássicas para gerar uma mudança maior — uma nova realidade na qual a verdade *não pode mais ser verificada e também já não conta mais.*

Nessa realidade, os cidadãos não se sentem mais autorizados ou capazes de distinguir a verdade de um lado ou de outro

— e por isso abrem mão de sua importância. A essa altura, as pessoas podem ser manipuladas para apoiar quase qualquer ação do Estado. Como podem os cidadãos saber o que é certo? A própria verdade é desvalorizada e transformada em subjetiva e interior, não absoluta e exterior.

Frank Rich, Sidney Blumenthal, Amy Goodman e Joe Conason documentaram as mentiras cabais da Casa Branca. Em *The Greatest Story Ever Sold: The Decline and Fall of Truth* (A maior história já vendida: o declínio e queda da verdade), Rich ressalta as mentiras do "yellowcake* em Níger" e dos "laboratórios itinerantes de armas químicas e biológicas", que nos levaram à guerra. De acordo com as pesquisas, observa Rich, 51% dos americanos em 2003 acreditavam que o Iraque estava envolvido no 11 de Setembro. Não só eram falsos os documentos sobre o yellowcake citados por Bush no discurso anual do Estado da União, como Rich demonstra que a Casa Branca em seguida mentiu sobre as próprias mentiras. Ele prova que era falsa a afirmação do governo de que Mohammed Atta (um dos pilotos suicidas do 11 de Setembro) havia se encontrado com um alto funcionário do governo iraquiano em Praga — e depois falsificou mais uma vez a informação falsa.[37] Relatos que vieram a público em 2005 indicaram que o Departamento de Educação criou programas mentirosos para a TV independente e os enviou para estações regionais. (Goebbels distribuiu noticiários cinematográficos e registros gramofônicos pelo correio para se-

---

*Pasta de urânio usado como combustível nuclear ou para fabricar armas nucleares. (*N. do T.*)

rem divulgados em todo o país, uma inovação na época.) E o colunista conservador Armstrong Williams ganhou US$ 241 mil do Departamento de Educação para promover o programa governamental No Child Left Behind.[38]

Críticos do governo expuseram as atividades do Lincoln Group, uma firma de relações públicas baseada em Washington que assegurou um contrato lucrativo com o governo Bush para plantar notícias falsas em apoio aos Estados Unidos na imprensa iraquiana. Em setembro de 2006, o *New York Times* informou que o governo Bush estava pagando repórteres do *Miami Herald* para providenciar certos tipos de cobertura positiva.[39]

Por que isso tudo é tão importante? Por que a difusão de mentiras pelo governo facilita uma virada fascista? O que a verdade tem a ver com a democracia?

A democracia depende de um acordo social, tão óbvio que normalmente não é dito: existe uma coisa chamada verdade. Numa sociedade aberta, sabemos que os fatos podem ser "parcializados" ou "enfeitados" no vaivém das discussões, mas esses tipos de manipulação são operados no terreno da verdade. A democracia depende de confiança e requer que possamos distinguir mentira e verdade. Para isso, nós todos precisamos concordar que a verdade faz diferença.

Se a base da democracia é a verdade, a base da ditadura é a alegação. Numa ditadura, a verdade pertence a quem tem o maior poder de alegar.

Observadores críticos como Goodman, Rich e Conason estão empenhados num valioso serviço público de expor as mentiras do governo. Mas eles ainda estão participando do jogo da democracia: alguém mente, você expõe a mentira — como um torneio de tênis no qual há uma rede, um placar e um juiz imparcial.

Numa democracia, mentir é quase uma tática sorrateira do jogo. Mas, num sistema fascista, as mentiras são o próprio tabuleiro. Por que os líderes soviéticos se davam o trabalho de apagar das fotos oficiais os membros expulsos do partido? Não apenas para que fossem esquecidos — mas para evidenciar aos cidadãos que o Estado tinha poder sobre a própria memória. Por que, em *A revolução dos bichos*, os porcos que formam a elite dirigente apagam trechos de suas declarações de princípios e depois negam que o fizeram? Não apenas para obter algum proveito particular, mas também para fazer os outros animais perderem sua habilidade de confiar na própria capacidade de discernimento.

Orwell escreveu sobre "um mundo de pesadelo no qual o líder, ou uma camarilha governante, controla não só o futuro, *mas também o passado*".[40]

Tom Kean, copresidente da comissão de investigação sobre o 11 de Setembro, deu sua aprovação a uma minissérie da rede ABC, feita para ser transmitida sem intervalos no aniversário de cinco anos dos atentados. Havia cenas ficcionais da equipe de Bill Clinton na Casa Branca. As sequências encenadas mostravam, por exemplo, o ex-conselheiro de Segurança Nacional Sandy Berger bater o telefone na cara de um funcionário da CIA no momento crucial de uma ação militar e a ex-secretária de Estado Madeleine Albright deixando Osama bin Laden escapar de ser capturado. Albright disse às empresas Disney, proprietárias da ABC, que a minissérie "retratava cenas que nunca aconteceram, eventos que nunca tiveram lugar, decisões que nunca foram tomadas e conversas que nunca ocorreram".[41]

Kean não se abalou. Segundo o *New York Post,* "ele estava tranquilo com relação à cena inventada — sem se importar que o vídeo esteja sendo vendido a escolas como apoio didático".[42]

Lembra das vozes dos cidadãos chineses lutando para entender sua história recente — e entendendo-a de modo dolorosamente errado? Como eles poderiam entender?

Agora ouça Tom Kean introduzir uma nova epistemologia no discurso americano — uma mentira corriqueira distorce ou esconde a verdade; mas a mentira fascista afirma que a verdade deixou de ser parâmetro. "Não sei se Sandy Berger bateu o telefone ou se a linha caiu", disse Kean. "Mas os produtores decidiram mostrar desse jeito. Minha lembrança é que tudo poderia ter acontecido de várias maneiras."[43]

"Poderia ter acontecido de várias maneiras."

Quando parte da declaração de princípios da Fazenda dos Animais é apagada:

> Todos os animais se lembraram da aprovação dessas resoluções; ou pelo menos achavam que lembravam... Garganta lhes garantiu que a resolução contra comerciar ou usar dinheiro nunca havia sido aprovada, nem mesmo sugerida. Era pura imaginação, provavelmente originada por mentiras espalhadas por Bola-de-Neve. Alguns animais ainda se sentiam ligeiramente em dúvida, mas Garganta perguntou a eles astuciosamente: "Têm certeza que vocês não sonharam isso, camaradas? Vocês têm algum registro dessa resolução? Está escrita em algum lugar?"[44]

A "garota Rambo".* A morte heroica de Pat Tillman.** O Coração Púrpura de John Kerry.*** O saldo de mortes da guerra do Iraque.

Têm certeza que não são coisas que vocês sonharam, compatriotas americanos?

Uma vez que se consegue inundar o terreno geral do discurso com mentiras a esse ponto, encontra-se mais perto de fechar uma sociedade aberta. Se os cidadãos não conseguem mais saber se você está falando ou não a verdade, você pode manipular as pessoas para que apoiem qualquer coisa que o Estado queira fazer, e também é muito mais difícil para os cidadãos se mobilizarem ou se defenderem. Como podem saber o que está certo e o que está errado?

Numa época como a atual, está nas mãos dos cidadãos americanos que não fazem parte da imprensa formal escrever na internet, pesquisar vigorosamente, checar os fatos constantemente, denunciar abusos, fazer requisições de informação com base no Ato da Liberdade de Informação, publicar zines, escrever

---

*Combatente americana capturada no Iraque em 2003 e resgatada por uma operação do Pentágono. Segundo a versão inicial, ela teria lutado até o fim de sua munição e sobrevivido a ferimentos graves. Ao voltar para os Estados Unidos, Jessica apresentou uma versão dos acontecimentos totalmente diferente e sem nenhum aspecto espetacular. (*N. do T.*)

**Ex-jogador profissional de futebol americano que se alistou para lutar no Afeganistão, onde foi morto em 2004. O Pentágono anunciou que havia sido uma morte heroica, mas em 2007 admitiu que Tillman foi vítima de "fogo amigo". (*N. do T.*)

***Kerry, candidato democrata na eleição presidencial de 2004, recebeu a medalha de heroísmo Coração Púrpura por ter participado até o fim de uma missão na guerra do Vietnã, em 1968, mesmo estando muito ferido. Durante a campanha eleitoral, associações de veteranos contestaram o merecimento da homenagem, afirmando que o ferimento era pequeno. (*N. do T.*)

editoriais e se apropriar o máximo possível do fluxo geral de notícias e informações. Acima de tudo, é preciso apoiar a aprovação das leis propostas pela American Freedom Agenda e pela American Freedom Campaign para que os jornalistas sejam protegidos de ameaças e processos.

Os blogs devem abrir o caminho, porque é esse o ponto de acesso para o jornalismo cidadão. Mas os blogueiros precisam levar muito mais a sério o impacto que podem causar, tornando-se guerreiros da verdade e da precisão: os cidadãos têm que começar a produzir *samizdats** confiáveis. Opinião é importante, mas, desacompanhada, ela é totalmente insuficiente quando o próprio terreno da verdade está sob ataque. Os blogueiros precisam tornar-se repórteres e documentadores rigorosos e destemidos — não apenas para criticar o noticiário, mas também para gerar notícias. Os cidadãos em todos os lugares precisam agora aplicar a seus trabalhos a acuidade e a confiabilidade que os editores de notícias tradicionalmente esperam de seus redatores e pesquisadores. O *locus* do poder da verdade precisa ser identificado não nos veículos de imprensa, mas em você. Você — não "eles" — precisa se responsabilizar pela educação de seus concidadãos.

Foram bibliotecários, professores, livreiros e pequenas editoras que ajudaram a afastar ditadores em países onde a livre expressão estava sob ataque. Os jornalistas estão na linha de fogo agora, mas a história mostra que esses outros produtores e distribuidores da liberdade de expressão são os próximos da fila.

---

* Cópias de material impresso proibido pelo governo que circulavam clandestinamente nos países do antigo bloco soviético. (*N. do T.*)

Na era revolucionária, fazendeiros, artesãos e pequenos comerciantes liam e escreviam panfletos durante as assembleias comunitárias, distribuíam cartazes, discursavam para grupos de concidadãos e recortavam artigos da imprensa para debater uns com os outros os pontos de vista expressos ali. Eles não transferiam para uma classe de especialistas profissionais a missão patriótica de se expressar. Consideravam as próprias vozes como vitalmente necessárias para o ofício da Constituição e, ainda mais importante, para a vida da nova nação.

Temos que abandonar o papel passivo de meros consumidores de informação que vínhamos aceitando. Precisamos nos ver sob uma nova luz — ou melhor, nos ver de novo sob uma luz revolucionária — como cidadãos-líderes com a responsabilidade de dizer a verdade.

– CAPÍTULO DEZ –

CLASSIFICAR AS CRÍTICAS DE "ESPIONAGEM" E A DISCORDÂNCIA DE "TRAIÇÃO"

> "A traição contra os Estados Unidos consistirá, unicamente,
> em levantar armas contra o país, ou coligar-se com seus
> inimigos, prestando-lhes auxílio e apoio."

> ARTIGO 3º, CONSTITUIÇÃO DOS ESTADOS UNIDOS

A Constituição define traição como efetivamente "levantar armas" contra os Estados Unidos ou dar "auxílio e apoio" a seus inimigos. Os Fundadores intencionalmente dificultaram a dispersão do termo traidor, que havia sido tantas vezes usado para intimidar a geração revolucionária.

Mas em toda virada fascista, paulatinamente a expressão de opiniões e os protestos passam a ser computados como "traição", "terrorismo", "subversão", "espionagem" e "sabotagem". (Uma acusação de "calúnia" começa a preparar o terreno. Na Rússia de Stalin, as críticas ao Estado primeiro foram definidas como "calúnia" e depois redefinidas como "traição". O livro de Ann Coulter* chamado *Slander* (calúnia) foi publicado um ano antes de seu livro *Treason* [traição].)

---

*Colunista e escritora conservadora pró-Bush. (*N. do T.*)

A equipe de Bush está tentando deslizar o termo *traição* de sua estreita definição constitucional para outra mais frouxa. O estigma da traição tem um longo e feio (infelizmente resistente à prova do tempo) histórico de uso pelos ditadores das décadas centrais do século XX, assim como as acusações de sabotagem e espionagem. O governo Bush começou a usar a noção de traição no seu sentido stalinista: uma arma destinada a perseguir os discordantes e amedrontar políticos oposicionistas.

Numa virada fascista, como eu observei antes, os líderes espalham e depois procuram estabelecer novas categorias de acusações para criminalizar ideias, ações e opiniões dos cidadãos. Este é um importante ponto de inflexão. A próxima etapa é instituir leis ou novas interpretações para leis já existentes que impliquem novas penalidades para esses atos de "traição". Conforme esse tabu verbal se firma, certos assuntos se tornam difíceis de abordar ou começam a ser totalmente evitados, porque podem trazer problemas legais. A lei *Heimtuckegesetz* de 1934 na Alemanha criminalizou calúnia e difamação políticas. Embora as penas não costumassem ser severas para essa lei, os processos foram muitos: mais de 100 mil.[1] Havia pessoas que eram presas por contar piadas. Klemperer observa sobre as anedotas daquela época que "as mais populares eram sobre conversas no Céu. A melhor delas é a seguinte. Hitler diz a Moisés: 'Pode me falar confidencialmente, *Herr* Moisés. Foi você quem pôs fogo no arbusto, não foi?'" O homem que contou essa piada foi sentenciado a dez meses na prisão.[2] Na Tchecoslováquia, durante a Guerra Fria, a leitura de material impresso banido — *samizdat* — não era crime, mas passar esse material para um amigo era.

O best seller *Treason* (2003), da intelectual de direita Ann Coulter adaptou o conceito de "opinião como traição" para a cultura popular americana atual. O livro apresenta *traição* como um termo legítimo para caracterizar a opinião crítica de artistas, comunicadores e imprensa sobre o governo Bush. "Se a má conduta varia ligeiramente de caso para caso, os liberais sempre conseguem tomar a posição mais nociva para a segurança americana."[3] Em 2003, isso era um estratagema retórico sem maiores consequências. Entretanto, quatro anos depois, com a invocação do Espionage Act, um golpe de retórica se tornou algo muito mais sério. Coulter reintroduziu a ideia de que, em tempos de guerra nos Estados Unidos, as opiniões podem ser identificadas como "traição" e serem objeto de processo criminal.

> Felizmente para os liberais de Hollywood e ex-presidentes democratas, o país parou de abrir processos por traição há muito tempo. Os traidores da época da Segunda Guerra Mundial foram processados e sentenciados a longos períodos de prisão por transmissões radiofônicas nunca ouvidas por ninguém nos Estados Unidos (...) Axis Sally foi sentenciada a 12 anos de prisão. Tokyo Rose pegou seis anos. Hanoi Jane faz vídeos de aeróbica.
>
> Durante a Guerra do Vietnã, Jane Fonda fez discursos antiamericanos devastadores e incendiários em Hanói... Na época, pensou-se seriamente em processá-la, mas a elite governante hesitou em falar em traição. A recusa em processar Fonda foi só mais uma indicação de que nós não estávamos lutando para vencer aquela guerra[4].

O ressurgimento da "traição" prosseguiu: em 23 de junho de 2006, quando o *New York* Times publicou a reportagem sobre a companhia belga Swift,* a retórica da traição foi posta para funcionar de um jeito novo. Embora o editor-executivo do *New York Times*, Bill Keller, tenha ressaltado que o próprio governo havia se vangloriado do programa, seguiu-se uma campanha de direita para criminalizar o que Keller havia feito.

O presidente Bush em pessoa qualificou a publicação da matéria de "deplorável". Uma semana depois, um congressista republicano exigiu uma investigação e a convocação de um promotor especial. Blogs direitistas explodiram falando em "traição" e "crime". Acadêmicos de direita começaram a pedir em uníssono que Bush invocasse o Espionage Act de 1917 contra o *publisher* e os editores do *New York Times*.[5]

Em São Francisco, Melanie Morgan, apresentadora da rádio KSFO, "potencialmente pediu a execução do editor Bill Keller do *New York Times*, se ele for processado e condenado por traição". Ela disse:

> Eu deixei claro com minhas primeiras palavras que eu via este caso como traição. Sim, para vocês da turma do deixa-disso, eu disse TRAIÇÃO.
>
> [Chris] Matthews ficou chocado. Ele parece achar que me entendeu mal. Não é possível que eu tenha dito isso, não é? Longas penas de prisão para jornalistas porque eles repetidamente vazam informações confidencias sobre a luta dos Estados Unidos contra o terrorismo?

---

*O jornal revelou que, desde 2001, a Swift, que tem acesso à maior parte das transações interbancárias do mundo, entregava informações sigilosas aos serviços de informação americanos, para rastrear operações que ajudassem a localizar terroristas. *(N. do T.)*

Sim, absolutamente, eu quis dizer isso.

(...) O editor Bill Keller, do *New York Times*, e seus cúmplices devem ser processados pelo governo dos Estados Unidos por solapar repetidamente o esforço de guerra contra o terrorismo, violando insistentemente a lei e revelando programas antiterroristas secretos.[6]

A blogosfera também invocou o Espionage Act de 1917. William Kristol, editor do *Weekly Standard*, pediu que o Departamento de Justiça processasse o *Times* com base no Espionage Act.[7] O editor Deroy Murdock escreveu:

A punição rigorosa do *Times* por seus crimes (e o jornal agiu criminosamente) é uma medida adequada (...) O que fazer com esse pasquim irresponsável? (...) O Congresso em 1950 aprovou uma coisa chamada Comint [communication intelligence] Statute (...) a lei resultante, artigo 18, seção 798, do Código Penal dos Estados Unidos, diz:

"Qualquer pessoa que conscientemente e deliberadamente comunique, forneça, transmita ou torne por outros meios disponível para uma pessoa desautorizada, ou publique ou use de modo prejudicial para a segurança ou os interesses dos Estados Unidos ou para o benefício de qualquer governo estrangeiro, em prejuízo dos Estados Unidos, qualquer informação sigilosa (...) referente à comunicação de atividades de inteligência dos Estados Unidos (...) deve receber multa de até US$ 10 mil ou pena de prisão de até dez anos, ou ambas."

Murdock concluiu: "De acordo com essa lei, e talvez também com o Espionage Act de 1917, o *Times* merece ser objeto de inquérito imediato a respeito de suas reportagens sobre a Agência de Segurança Nacional e a Swift."[8]

Em meio à controvérsia em torno da reportagem sobre a empresa Swift, a campanha organizada por acadêmicos conservadores para que o *Times* fosse processado ainda era retórica — ou seja, ainda era uma partida, embora truculenta, nos jogos de uma sociedade aberta.

Mas o Departamento de Justiça estava realmente fazendo uso do Espionage Act e não mais de modo retórico: em 2005, processou dois ex-lobistas do Comitê de Assuntos Públicos Americano-Israelense, Steven Rosen e Keith Weissman, por terem aceitado, receber uma informação secreta de um funcionário do governo.[9] O Espionage Act torna ilegal a posse, por pessoa não autorizada, de "informação relacionada à defesa nacional". Esse uso renovado da lei pode potencialmente criminalizar conversas em várias redações de jornais sérios — para não mencionar até mesmo conversas frívolas em jantares em Washington.

E se o Departamento de Justiça apenas for atrás de repórteres que revelam informações sigilosas — como os que expuseram os Pentagon Papers e My Lai* —, ainda haverá um campo minado: esse governo classifica e desclassifica informações como sigilosas o tempo todo. Se a nova referência prevalecer, os jornalistas americanos podem ser acusados, condenados e presos

---

*Os Papéis do Pentágono foram relatórios secretos do governo americano sobre a guerra do Vietnã, que o *New York Times* publicou em 1971, embora o governo do presidente Richard Nixon tenha tentado por todos os meios impedir. My Lai é o nome da aldeia vietnamita onde ocorreu o maior massacre de civis cometido por soldados americanos durante a guerra, revelado pelo jornalista Seymour Hersh em reportagem publicada pela revista *New Yorker. (N. do T.)*

por tropeçar em um grande número de armadilhas novas: a publicação de uma foto da casa do vice-presidente Cheney que inadvertidamente revele em que lugares os seguranças pessoais se posicionam, ou um relato sobre as condições dos interrogatórios em Abu Ghrabi, como fez Seymour Hersh. Soldados americanos que escrevem livros sobre suas experiências no Iraque e acabam revelando a movimentação das tropas; diplomatas que produzem editoriais, como o relato de Joseph Wilson sobre a polêmica do yellowcake, baseado em documentos sigilosos — todos esses americanos poderiam ser processados.

Historicamente, a transição da retórica para a realidade acontece rapidamente. Baseando-nos no modelo histórico, pode-se prever que não demorará para que não só "espionagem", mas também "traição", deixem de ser acusações inflamadas para se tornarem acusações criminais.

Três anos depois que o livro de Ann Coulter nos propôs essa possibilidade, em 12 de outubro de 2006 o Departamento de Justiça acusou de traição o primeiro americano em mais de meio século. Adam Gadahn, um jovem sul-californiano que é acusado de ajudar a al-Qaeda a criar vídeos insuflando violência contra os Estados Unidos, foi processado com base numa denúncia secreta por um tribunal federal da Califórnia. Como no caso de Padilla, as autoridades não alegam ter provas de que Gadahn tomou parte no plano dos ataques terroristas contra os Estados Unidos. Seu crime são as suas palavras. Paul McNulty, o vice-secretário de Defesa, disse que Gadahn forneceu ao inimigo "auxílio e apoio" ao agir como propagandista da al-Qaeda.[10] Fazer propaganda desse tipo é errado, mas foi criado um precedente assustador. Para qualquer pessoa, mesmo aquelas que não estão num campo de batalha ou numa zona de guerra, uma acusação de traição carrega uma possível sentença de morte.

Se você não sabe nada sobre o Espionage Act de 1917, ele até parece saudável, de algum modo. Em 1917, a nação estava em guerra; e é claro que precisamos nos livrar dos espiões em tempos de guerra. Mas a história da lei é sinistra.

Na década de 1910, uma onda de ativismo esquerdista varreu a nação. Muitos dos ativistas que lutavam por melhores condições de vida e salários mais altos também eram contrários à entrada do país na guerra.

Então, quando o país se preparava para a guerra, a máquina de comunicação do presidente Woodrow Wilson produziu uma onda de propaganda para incitar o fervor de guerra. O Congresso rapidamente aprovou em 1917 o Espionage and Trading with the Enemy Act, que criminalizou comentários e declarações contra a guerra. Centenas de cidadãos americanos foram processados por resistirem ao recrutamento militar ou por falar ou escrever coisas que poderiam remotamente ser interpretadas como discordantes em relação à linha do governo. Reuniões de cidadãos eram infiltradas por espiões governamentais e houve prisões em massa sem mandado judicial. De acordo com o Espionage Act, era contra a lei enviar uma opinião antiguerra pelo correio ou mesmo defender a convocação de um plebiscito sobre a entrada do país no conflito. Funcionários dos correios forneceram à imprensa informações de arquivo sobre "traidores".

As sentenças foram severas: um homem de Kansas City pegou dez anos de prisão por ter escrito uma carta a um jornal. Uma mãe de quatro filhos criticou a guerra e foi sentenciada a cinco anos de prisão. Eugene Debs, o candidato socialista, tentou desafiar o Espionage Act em 1918, invocando a Primeira Emenda. Debs foi declarado culpado e sentenciado a dez anos.[11]

As Batidas de Palmer foram o ponto culminante desses acontecimentos: o secretário da Justiça, A. Mitchell Palmer, usou o Espionage Act de 1917 e o Sediction Act de 1918 para reunir informações sobre 260 mil pessoas; as batidas prenderam 10 mil cidadãos e imigrantes em 1919. As prisões em massa não tinham mandado e as autoridades falsificaram documentos para deportar quem eles puderam deportar. Professores, bibliotecários e operários foram presos. Só em Connecticut, multidões foram "espancadas, deixadas sem comida, sufocadas, torturadas e ameaçadas de morte em esforços vãos de extrair confissões". Mas, apesar de todas essas detenções e prisões, nunca surgiram evidências para sustentar as acusações de Palmer de que uma rede revolucionária estava em operação.[12]

O pêndulo voltou: um grupo de advogados patriotas liderados pelo futuro juiz da Suprema Corte Felix Frankfurter publicou um documento declarando as batidas "absolutamente ilegais". O poder de Palmer minguou. Mesmo assim, o medo permaneceu. Depois das batidas de Palmer, muitos americanos ficaram com medo de assinar certos jornais; professores se policiavam a respeito do que diziam nas salas de aula; jornalistas mediam as palavras. A contestação política foi silenciada por uma década. As pessoas voltaram suas energias para itens mais seguros do que o ativismo político: as melindrosas, os filmes falados e a bebida clandestina.[13]

Outra dessas palavras de código é "sabotagem": as prisões feitas por Stalin em 1937 eram muitas vezes baseadas nessas acusações. Em 15 de fevereiro de 1937, o legislador republicano Don

Young disse: "Congressistas que propositalmente tomam atitudes em tempos de guerra que prejudicam a moral e põem em dúvida os militares são *sabotadores* e devem ser presos, exilados ou *enforcados*" [*grifos meus*].[14] (Nos Estados Unidos, o método de execução é injeção letal; a morte por enforcamento foi um recurso dos ditadores do século XX.)

É comum, numa virada fascista, a aprovação silenciosa das leis que criminalizem a discordância política. Em novembro de 2006, o Estado aprovou a Animal Enterprise Terrorism Act — que permite aos procuradores federais "reforçar" o tempo de prisão de ativistas condenados. Quando eu soube disso pela primeira vez, pensei que não demoraria até que um americano ambientalista ou defensor dos direitos dos animais fosse processado com severidade. A orientação do "reforço contra o terrorismo" seria direcionada para crimes contra as instalações de indústrias de processamento de produtos de origem animal. E de fato esse tipo de julgamento começou sete meses depois. Os "terroristas" sentenciados por ataques às instalações industriais eram jovens que moram nas nossas vizinhanças.

Novas expressões se juntam a traição e espionagem para qualificar os cidadãos supostamente criminosos. Eles podem subitamente se tornarem "inimigos do povo", "perturbadores da paz", "subversivos", "sabotadores" ou "espiões". Stalin acrescentou "conspiração" à lista de Lenin que já incluía "traição" e "subversão".[15] Havia hinos dos camisas-negras que diziam orgulhosamente: "Devemos defender [a Itália] contra seus inimigos e traidores." Hitler chamou o nazismo de "uma voz gritando 'traição'". Suas SA prendiam cidadãos acusados de "traidores" e "espiões". O escritor fascista Gabriele D'Annunzio fez campanha em 1915 contra aqueles no Parlamento que se opunham a ele. "Ouçam-me — escutem o que eu digo — a traição está à solta atualmente", ele bradava.[16]

As acusações de "traição", "subversão" e "espionagem" fizeram seu serviço na Tchecoslováquia, no Chile e na China. Václav Havel escreveu críticas ao Estado tcheco e descobriu ter cometido um crime chamado *perturbação da paz e subversão*. Havel voltou à prisão numa "tentativa fracassada de me colocar fora de circulação, com a ajuda de uma denúncia forjada de *perturbação da paz*... Como a maioria dos meus colegas, eu fui removido de toda função que eu tive um dia, fui publicamente qualificado de inimigo e até investigado por *subversão* (não houve julgamento ou sentença de prisão)".[17]

Nós queremos ser a China, onde a o uso da internet a favor da democracia faz de uma pessoa um "agressor" ou um "criminoso", ou a Síria, onde os judeus são presos como "espiões"? Acreditamos que, se o governo não nos protege mais, o setor privado o fará? O Google aceitou recentemente as restrições estatais chinesas ao uso da internet pelos cidadãos;[18] o Yahoo! e a AOL entregaram dados sobre as buscas feitas por milhões de usuários para o Departamento de Justiça. A Aclu está processando a Boeing, alegando que a companhia participou de voos de captura ilegal de suspeitos de terrorismo.[19]

O que o Google e o Yahoo! fariam nos Estados Unidos se o nosso governo os pressionasse a cooperar?

O voto ainda conta. E a única coisa que vai fazer o Congresso se mexer é a ameaça de centenas de milhares de eleitores — especialmente republicanos e indecisos — a nossos líderes para que derrubem essas leis ou percam as cadeiras que ocupam.

O que significa que nós, na esquerda, precisamos sair de nosso torpor gerado pela crença de que "os dois partidos são a mesma coisa submissa à Organização Mundial do Comércio" e que nós, na direita, também acordemos do torpor gerado pela crença de que "se os Estados Unidos fazem é porque é certo".

Todos precisamos nos reengajar no velho compromisso com a ação democrática e acreditar de novo na velha noção de república. Precisamos de você para ajudar a conduzir um movimento pela democracia nos Estados Unidos, como aqueles que derrubaram regimes opressivos em outros países.

Não podemos, como nação, ligar nosso iPod metafórico e sair para dar uma corrida, confiando de algum modo numa mágica mudança na direção dos ventos.

– CAPÍTULO ONZE –

SUBVERTER O ESTADO DE DIREITO

Eu juro solenemente... que exercerei lealmente a função de presidente dos Estados Unidos e farei o melhor que puder para preservar, proteger e defender a Constituição dos Estados Unidos.

JURAMENTO DE POSSE DO PRESIDENTE

Em março de 2007, emergiu um escândalo no qual oito — depois nove — procuradores americanos foram abruptamente demitidos, talvez com o conhecimento do secretário de Justiça, Alberto Gonzales. Os emails do Departamento de Segurança Interna indicaram que eles não foram considerados suficientemente leais à política da Casa Branca.

O procurador David Iglesias, do Novo México, recebeu um telefonema intimidador de um funcionário do Partido Republicano descontente porque ele não havia processado um grupo democrata que promovia o registro de eleitores. Iglesias considerou que não havia provas suficientes para justificar uma ação legal.

No alvoroço que se seguiu no Congresso, emails demonstraram que, embora apenas oito procuradores tenham sido expurgados efetivamente, discutiu-se a possibilidade de demitir todos os procuradores do país. Os emails enfatizavam que, nesse caso, o departamento deveria se preparar para uma inevitável reação pesada.

O Congresso pediu a intimação judicial do então vice-chefe de gabinete da Casa Branca, Karl Rove, e da ex-conselheira legal Harriet Miers. (No momento em que este livro está sendo escrito, Bush simplesmente continua invocando o privilégio executivo de ignorar essas intimações.) Mas os comentaristas estavam ainda intrigados: por que o governo expurgou esses procuradores e até considerou a ideia de estender a medida a todos os outros do país?

(Em 7 de abril de 1933, em apenas um dia, lembre-se, Goebbles expurgou o funcionalismo público — tendo como alvo principal procuradores e juízes — e o critério das demissões era "lealdade".)[1] Como um expurgo de procuradores federais "desleais" poderia ser útil para os líderes do governo, mais de um ano antes da eleição nacional?

Você se lembra do caso da secretária de Estado do Alabama, Nancy Worley, cuja autoridade para vistoriar os registros de votação foi suspensa? É prova de que o Departamento de Justiça tem um poder enorme sobre as eleições. E os procuradores federais têm o poder de decidir que grupos de registro de votos investigar e potencialmente processar.

Voltemos a 2008. Agora pense sobre a natureza humana. Nós presumimos, em nossos hábitos democráticos, que podemos simplesmente "botar os caras para correr" na eleição de 2008.

Mas é possível mudar a direção de modo tão substancial? É razoável — trata-se realmente de uma questão de bom-senso — presumir que governantes dispostos a manipular *signing statements*, sonegar informação ao Congresso, tomar decisões secretas, mentir para o povo americano, usar acusações falsas para justificar uma guerra preventiva, torturar prisioneiros, grampear telefones, violar correspondência e emails, invadir casas e agora simplesmente ignorar o Congresso todo — governantes que, atualmente, têm um grau de aprovação de 29% — vão com certeza, quando chegar 2008, dizer: "A decisão se encontra nas mãos dos povo. Que os votos sejam contados."?

Confiar na "volta do pêndulo" quando houver a contagem dos votos é se comportar como uma mulher superprotetora que tem um namorado que a maltrata, mas sempre acredita que ele se comportará bem da próxima vez.

Costuma-se dizer que a definição de loucura é fazer a mesma coisa repetidamente esperando que o resultado seja diferente. Se, por oito anos, esse grupo zombou de outras regras preciosas do jogo democrático, não seria precipitado supor que agora considerará sacrossantas a transparência e a imparcialidade das eleições? Os Fundadores nos pediram para manter a vigilância quando se trata de liberdade. A história e vários acontecimentos recentes ao redor do mundo — Nigéria, Turquia, Ucrânia, Filipinas — mostram muitos exemplos de como líderes em democracias fracas ou declinantes conseguiram "enquadrar" a burocracia civil, dispondo aliados em suas fileiras, e manipular os votos, sujando o resultado das eleições.

Se tivesse havido um expurgo a ponto de todos os procuradores federais serem republicanos em 2008, o que aconteceria na eleição presidencial?

Seria digno dos Estados Unidos?

Nós americanos estamos acostumados a um contrato democrático em que nos colocamos de acordo sobre as regras do jogo. Quando o Congresso quer uma resposta, por exemplo, o presidente não pode simplesmente se recusar a atender o telefone.

Continuamos a nos surpreender quando se ignoram etapas do equilíbrio democrático: "Ele não pode fazer isso!" Mas é hora de perceber que eles estão jogando um jogo totalmente diferente.

Veja o uso dos *signing statements* pelo atual presidente. O debate sobre isso ocorreu mais entre advogados do que entre cidadãos, e os advogados não estão imbuídos da missão de explicar aos americanos comuns o que essa expressão neutra e branda, *signing statement*, realmente significa. Muitos de nós não entendemos a drástica ameaça que eles representam.

Bush usou mais *signing statements* do que qualquer outro presidente. O modo como ele está fazendo isso essencialmente relega o Congresso a um papel consultivo. Esse abuso faz com que o presidente escolha quais leis deseja impor ou não, passando por cima do Congresso e do povo. Por isso os americanos estão vivendo sob leis que seus representantes nunca aprovaram. Os *signing statements* colocam o presidente acima da lei.

Dado esse tipo de atitude, por que dar como certo que esse governo vai preservar as regras de uma eleição livre e justa? Não é porque as etapas da democracia se mantiveram por mais de 200 anos que elas vão prevalecer amanhã.

Quando os fascistas chegam ao poder numa democracia fragilizada, simplesmente começam a ignorar os acordos tácitos. O que o passado demonstra é que, num certo estágio da decadência de uma democracia, aspirantes a ditador fingem que tudo continua como deveria ser, mas simplesmente deixam de responder à vontade do povo e dos legisladores. Enquanto a nação tenta se virar neste período de transição, os líderes promovem mudanças súbitas e inesperadas que decididamente derrubam os protocolos e expectativas do parlamento.

Nesse ponto, a própria velocidade de tais atos é desorientadora. (Num cenário bastante movediço, os parlamentares italianos ainda tentavam freneticamente estabelecer negociações políticas tradicionais com Mussolini e, então, perceberam que o tempo havia passado.) Essa ressaca psicológica — a demora em "pegar a coisa" — é um período muito perigoso. É o momento em que a ação é mais necessária, o momento em que a janela está se fechando.

Na Itália e na Alemanha, os legisladores continuaram acreditando que ainda estavam participando da dança da democracia — mesmo quando a marcha militar da ditadura já tinha começado. Num determinado ponto da implantação das ditaduras de Mussolini e de Hitler, os cidadãos assistiram a uma série cada vez mais rápida de proclamações e fatos consumados. Depois que cada um dos dois líderes exigiu mais poder do que lhes foi permitido pelo parlamento italiano e pelo Reichstag alemão, ambos começaram a assumir todo tipo de direito extraparlamentar: o direito de declarar guerra unilateralmente, de anexar territórios, de vetar as leis já existentes ou de ignorar o Judiciário.

"Eu não sou um ditador", disse Hitler em 1936. "Apenas simplifiquei a democracia."[2]

Nesse estágio, um choque se segue a outro tão rapidamente que as instituições da sociedade civil começam a se desmanchar. É quando, em democracias mais fracas que a nossa, as forças policiais e o exército são cooptados. Em seguida, o estágio final é o estabelecimento de um governo por decreto de emergência ou lei marcial e a proclamação pelo líder — geralmente usando a lei para se afirmar — de que ele está acima da lei ou que ele *é* a lei: é quem decide.

Trata-se do golpe clássico: no Chile, em 1973, durante uma greve geral, circulavam rumores diariamente de que haveria um golpe militar.

> Bem cedo no dia 11 de setembro de 1973, os militares saíram dos quartéis antes do amanhecer e ocuparam a maioria das estações de rádio. Começaram a transmitir marchas e boletins periódicos anunciando que estavam assumindo o controle do país. Eles ofereceram a [o presidente] Allende um avião para sair do país e declararam um toque de recolher que iria começar às 11 da manhã. Informado das reivindicações militares, Allende primeiramente disse a todos os trabalhadores que saíssem às ruas e defendessem o governo, mas depois mudou de ideia e pediu para que se mantivessem alertas em suas fábricas. Allende se recusou a se render, e ao meio-dia a Força Aérea bombardeou o palácio nacional. Allende morreu... Os militares começaram a prender um grande número de líderes governistas proeminentes enquanto outros buscavam refúgio em embaixadas estrangeiras.[3]

Alguns membros da oposição tentaram resistir, mas descobriram que não poderiam derrotar o poder dos militares. O jogo acabou rapidamente.

Pinochet chegou a nomear uma comissão para reescrever a Constituição. A lógica de reescrever a lei ecoa no projeto de orçamento para a defesa do ano fiscal de 2007 nos Estados Unidos: agora os militares têm a permissão de intervir em favor do Estado quando ele estiver ameaçado.

Historicamente, a imposição da lei marcial, ou de um governo que age por decretos de emergência, costuma ocorrer durante uma crise. Uma crise permite a um aspirante a ditador, mesmo numa democracia, usar poderes de emergência para restaurar "a ordem pública". Esse tipo de coisa não acontecerá nos Estados Unidos. Mas atualmente nós temos uma infraestrutura jurídica que pode respaldar um "golpe legal" — uma versão mais civilizada e vendável de uma investida violenta.

No final de setembro de 2006, com pouco debate popular, o Congresso aprovou o projeto de orçamento da defesa para o ano fiscal de 2007 — uma decisão que, segundo o jornalista Major Danby, representa "um passo palpável para enfraquecer a autoridade dos estados sobre suas divisões da Guarda Nacional". Ele continua: "A medida facilita que o presidente declare lei marcial, tirando dos governadores estaduais sua autoridade sobre as respectivas unidades da Guarda Nacional para emergências internas."

Isso esvazia o Ato de Posse Comitatus, a cláusula que diz que que o Estado controla sua Guarda Nacional. Quando o presidente invoca a seção 333, ele pode aumentar seu poder, declarar lei marcial e controlar as tropas da Guarda Nacional sem a permissão de um governador quando a ordem pública tiver sido perdida. O presidente pode enviar essas tropas às ruas nos casos de uma epidemia de proporções nacionais, de grave emergência relacionada à saúde pública, de um ataque terrorista ou de "outra condição". Ele pode orientar os soldados para dispersarem cidadãos — isto é, nós — e obrigarem-nos a ficar dentro de casa. O presidente precisa entregar uma justificativa ao Congresso num prazo de 24 horas — depois dos fatos, entretanto.

De acordo com essa nova cláusula, o presidente sozinho pode enviar tropas do Tennessee para esmagar o que ele considerasse uma ameaça à ordem pública — por exemplo, uma passeata pacifista — no Oregon, contra possíveis objeções dos dois estados.[4] O presidente pode enviar aquilo que se tornou seu próprio exército, e não do povo, para as ruas da nação, e não só este presidente, mas qualquer presidente no futuro.

O senador Patrick Leahy, do estado de Vermont, advertiu, embora poucos tenham prestado muita atenção, que o projeto de orçamento da defesa de 2007 serviria para estimular o presidente a declarar lei marcial.[5]

Um editorial do *New York Times* detectou a manobra — ainda que os americanos estivessem com as atenções concentradas nos ataques de fúria de Britney Spears e na polêmica sobre qual companhia aérea serve a pior comida: "Nos últimos tempos, ocorre um perturbador fenômeno em Washington — as leis que atingem o coração da democracia americana são aprovadas na calada da noite... Mais do que no caso de insurreições, o governo pode agora usar as tropas militares como força policial interna para reagir a desastres naturais, uma epidemia de doença, ataques terroristas e qualquer 'outra condição'."[6]

Nós raramente nos lembramos como os Fundadores se aterrorizavam diante da possibilidade de haver um exército permanente com poderes para neutralizar os líderes estaduais. Os revolucionários sabiam que forças como essas podem rapidamente se tornar emissárias sangrentas, subjugando cidadãos locais. Os revolucionários tinham certeza de que um presidente americano, se não for vigiado, pode levantar um exército permanente de americanos contra cidadãos americanos. Não era uma projeção inverossímil. Eles consideravam suas milícias estaduais como pertencentes ao povo e a serviço do povo, precisamente por causa desse medo de que um poder federal centralizado usasse armas contra eles.

"Se, por alguma eventualidade, o governo federal conseguir avançar sobre os poderes dos estados ou vice-versa, e ameaçar a união, o povo pode derrotá-lo, porque os poderes da república residem em seus cidadãos", garantiram os federalistas a cidadãos preocupados.[7] Os Fundadores acreditavam que esse tipo de agressão militar não seria possível enquanto a Constituição estivesse em pleno vigor. Eles não podiam prever o projeto de orçamento da defesa para 2007. Nem poderiam ter previsto a aparição de exércitos privados como o da Blackwater. Mas suas discussões apaixonadas, e a Segunda Emenda da Constituição, que eles viriam a ratificar, deixam claro que os Fundadores estavam empenhados em proteger a nova nação exatamente do que aconteceu quando estávamos distraídos, comprando na internet ou dormindo no sofá depois de tomarmos soníferos.

Na última fase de uma ascensão fascista, todas as pressões que expusemos aqui se intensificam em torno de cidadãos comuns, operando juntas numa espécie de torção completa. Nesse ponto, tais pressões são uma garantia de que não restou nenhum movimento democrático. O pêndulo para.

Claro, você vai levantar a bandeira dos Fundadores de modo que isso nunca venha a acontecer.

Eu direi mais uma vez que os Estados Unidos não estão vulneráveis a um fechamento violento do regime como o que se seguiu à

Marcha de Roma de Mussolini ou à caça aos opositores de Hitler. Nossa imprensa, nossos militares e nosso Judiciário são independentes demais para chegarmos a um cenário como aquele.

Mas há erosões potenciais em todas as nossas instituições, que podem modificar o tipo de democracia que criamos por meios que poderão nos parecer muito americanos e familiares, mas mesmo assim nos tornarão menos livres.

Digamos, por exemplo, Deus não o permita, que dentro de um ano e meio aconteça outro ataque terrorista. Digamos que tenhamos um presidente Rudolph Giuliani — ou mesmo uma presidenta Hillary Clinton. Se a crise for suficientemente grave, o Executivo poderá e talvez deverá declarar estado de emergência.

Mas, sem freios e contrapesos, a história mostra que qualquer líder, ou qualquer partido, será tentado a manter poderes emergenciais depois que a crise acalmar. Na ausência das tradicionais salvaguardas, a presidente Hillary Clinton nos ameaça tanto quanto o presidente Giuliani. Qualquer Executivo experimentará a tentação de impor sua vontade por decreto, mais do que submetê-la ao árduo processo de negociação e compromisso. Os Fundadores sabiam, como eu escrevi no início desta cartilha, que poderes excessivos certamente corromperão de modo homogêneo. Esse perigo não tem nada a ver com partidarismo. Tem a ver com poder.

Nossos representantes, nosso Judiciário e nossa imprensa trabalham atualmente num contexto em que estamos "em guerra" segundo o que a Casa Branca identifica pela sigla GWOT — Guerra Total contra o Terror: uma guerra sem fim, num campo de batalha descrito como o planeta. Portanto, um espaço oco vem crescendo sob as fundações dessas instituições ainda livres e o chão pode ceder com certos tipos de pressão.

Sabendo o que você agora sabe sobre como é fácil fechar uma sociedade aberta, preciso pedir para que considere uma série de "e ses". Só encarando esses "e ses" será possível agir para impedi-los.

E se, por causa de uma suposta "ameaça à ordem pública", a Guarda Nacional, agora respondendo diretamente ao presidente, fosse "reforçada" pela equipe da Blackwater?

E se, perto das eleições, um grupo de mobilização de eleitores democratas fosse infiltrado, de tal modo que os nomes e endereços dos eleitores democratas fossem parar na internet? E se, em consequência disso, você deixasse de acreditar que seu voto é secreto? E se alguns dos membros de grupos de eleitores fossem processados por pequenos delitos ou violações das leis de imigração por procuradores federais mais obedientes do que os nove que foram expurgados? Esses acontecimentos pareceriam incidentes infelizes num cenário que ainda assim se assemelharia ao da nossa casa: soariam como um drama americano, não como um putsch planejado numa cervejaria. Mas e se esse tipo de acontecimento se tornar cada vez mais a regra?

Seria o fim dos Estados Unidos? E se um repórter do *Washington Post* revelasse uma lista secreta de ativistas dos direitos civis detidos que lhe foi passada por um servidor público preocupado? E se esse repórter fosse processado de acordo com o Espionage Act de 1917, condenado e preso durante uma década? Como você ficaria se lesse isso no jornal no dia seguinte?

Você leria sobre isso. Se a história serve de guia, os jornais continuariam a ser publicados. Mas subitamente eles se tornarão muito cautelosos.

Seria o fim dos Estados Unidos?

Pense nas batidas de Palmer.

Agora imagine as batidas de Palmer sob as condições legais de hoje. Imagine que um equivalente ao sindicalista Eugene Debs — digamos, o presidente da Anistia Internacional — é preso por fazer um discurso contra a tortura. Ele é enviado para um navio-prisão onde esperará, em isolamento total, durante três anos, para conversar com um advogado.

Seria o fim?

Eis a Constituição dos Estados Unidos: "Não poderá ser suspenso *habeas corpus*, exceto quando, em caso de rebelião ou de invasão, a segurança pública assim o exigir."

Agora ouça este diálogo:

ARLEN SPECTER: Espere um minuto, espere um minuto. A Constituição diz que você não pode suspender [o *habeas corpus*] exceto em caso de invasão ou rebelião. Isso não significa que você tem o direito ao *habeas corpus* a não ser que haja uma invasão ou uma rebelião?

ALBERTO GONZALES: O que eu quis dizer com meu comentário é que a Constituição não diz "todo indivíduo nos Estados Unidos ou todo cidadão tem pela presente lei concedido ou garantido o direito ao *habeas*". Não diz isso. Simplesmente diz que o direito ao *habeas corpus* não deve ser suspenso...[8]

Seja qual for o contexto que levou Gonzales e seus colegas a imaginar uma coisa dessas — será este o fim?

AMÉRICA GLOBAL

Eu escrevi este livro primeiramente como uma americana falando a americanos. Mas o cenário que se está formando tem imensas implicações internacionalmente.

Se os Estados Unidos continuarem nessa estrada obscura, então, verdadeiramente, como disse James Baldwin certa vez, "não há mais segurança".[9] As aspirações dos Estados Unidos são há muito tempo globais, e em nossos melhores momentos oferecemos nosso exemplo como um padrão de democracia para o mundo todo. Mas, se os Estados Unidos realmente persistirem nessa linha, que "cidade no alto da montanha"* vai deitar luz internacionalmente com tanta intensidade quanto nós já fizemos?

Os Estados Unidos ficaram do lado do Estado de direito no passado. Nós criamos uma referência para outros líderes e estabelecemos um modelo de aspiração para outros cidadãos. Se perdermos isso, que força sobre a Terra vai deter a barbárie que os déspotas quiserem impor aos próprios povos?

Os burocratas da União Europeia? As vozes fragmentadas das Nações Unidas?

As forças de segurança egípcias acabaram de prender alguns de seus cidadãos. Elas jogaram líderes de oposição e um blogueiro na prisão. Quando questionados, os egípcios invocaram o exemplo do USA Patriot Act.

---

*Referência a um sermão pronunciado em 1630 pelo pastor puritano inglês John Winthrop, um dos líderes dos pioneiros que fizeram a colonização dos Estados Unidos. *(N. do T.)*

Se a Alemanha fascista — um Estado europeu moderno de tamanho médio — pôde desestabilizar o mundo em questão de poucos anos, e foi preciso uma guerra mundial para vencer a ameaça, que força na Terra poderá deter os Estados Unidos quando abandonarem os marcos da lei — um país com população, riqueza e extensão maiores, com sua tecnologia muito mais sofisticada, seu sistema de armas, sua rede mundial de prisões secretas já totalmente estabelecida e seu alcance imperial?

Se os Estados Unidos democráticos, com freios e contrapesos em funcionamento, frequentemente se recusam a aderir a acordos internacionais quando seus interesses estratégicos não coincidem com os objetivos internacionais, será que os Estados Unidos liderados por um regime ditatorial vão se portar de maneira razoável se sofrerem algum nível de agressão externa, ou vão conter a tentação de pilhar recursos de que necessitam, apenas para não incomodar o resto do mundo?

Se nos mantivermos nesse caminho, o "fim dos Estados Unidos" pode vir, para cada um de nós de modo diferente e em momentos diferentes. Haverá para todo cidadão ocasiões diferentes de olhar para trás e dizer: "Antes era assim — e agora é assim." Cada um de nós, sozinho, perceberá que será preciso recuar cada vez mais no tempo para lembrar de uma certa graça, da pureza e da coragem que estiveram vivas no mundo durante pouco mais de 230 anos.

Ou então podemos parar de seguir nesse caminho. Podemos nos firmar em nosso solo e lutar por nossa nação e levantar a bandeira que os Fundadores nos pediram para carregar.

– CONCLUSÃO –

A MISSÃO DO PATRIOTA

Por tudo isso, conclui-se que realmente estamos em guerra — uma guerra longa, global, uma guerra por nossa civilização.

É uma guerra para salvar nossa democracia.

Cada um de nós precisa se alistar. Não podemos abrir mão de ninguém.

Precisamos de cidadãos de todas as posições do espectro político para juntos levarem a bandeira dos Fundadores.

Todos podem encontrar nesse movimento seus mais caros valores e cada um vai adaptar o esforço à própria formação cultural e à própria linguagem. Progressistas podem ver esse "despertar americano" como uma libertação ou, pelo menos, como uma campanha, enquanto os conservadores podem também considerar o mesmo movimento como "conservador" no sentido mais verdadeiro — uma volta às diretrizes dos Fundadores. Certamente a "liberdade", como entendida pelos Fundadores — a liberdade iluminista do século XVIII —, é o terreno tanto para os clássicos valores americanos conservadores como para os liberais.

Esses cidadãos americanos diversos podem até, nesse movimento, encontrar verdadeiramente sua contrapartida do outro lado do espectro político e aprender de novo a falar com os outros diretamente, como vizinhos, interlocutores e compatriotas.

Novas tecnologias de vigilância significam que os patriotas de agora podem ter de fazer algum serviço doméstico antes de avançar efetivamente. Não é muito glamouroso, mas é importante observar isso.

Antes de escrever este livro, eu pedi a um contador que vasculhasse minhas restituições de imposto de renda, meus registros trabalhistas e assim por diante, para identificar qualquer coisa que poderia ser distorcida ou usada contra mim. Esse processo de fazer uma "pesquisa da oposição" sobre si mesmo ou sobre a própria organização, antes de falar abertamente, vai ter de se tornar mais comum. Se estamos sob vigilância como nação, os cidadãos se tornarão mais livres quando revelarem seus segredos àqueles que amam e quando revisitarem seus documentos com olhos críticos. Aqueles que estão sob as luzes públicas e têm medo de agir com veemência na oposição por causa de um segredo que quer manter faz melhor em falar a suas famílias ou a seus eleitores, ou a seus advogados e contadores, por mais que isso seja doloroso a curto prazo. Pode-se lutar esse combate com seriedade a menos que tenha restado alguma coisa que dê margem a chantagem.

Alguns americanos, especialmente funcionários públicos e membros das Forças Armadas, se arriscam a perder os empregos se assumirem a missão do patriota e começarem a se expressar abertamente, ou podem até correr o risco de processo judicial.

E a maioria de nós? Devemos estar dispostos a sofrer calúnias e possivelmente a ver expostos nossos segredos. Uma vez que se aceite isso, todos precisamos agir e falar com coragem e paixão: pais, adolescentes, sindicalistas, líderes corporativos, os homens e mulheres de princípios das Forças Armadas, os homens e mulheres do FBI, da CIA e do serviço secreto que não estão comprometidos com a introdução de valores que são antiamericanos, aqueles nas forças policiais e na Guarda Nacional que não se filiaram a essas corporações com o objetivo de suprimir direitos americanos. Nós precisamos do poderoso movimento cristão — que pode se lembrar que seu próprio herói foi um prisioneiro político capturado por um Estado poderoso, condenado sem julgamento e torturado por militares que estavam apenas cumprindo ordens — e precisamos do poderoso movimento ambientalista. Precisamos hospedar concidadãos, frequentar as prefeituras, reunir nossos vizinhos, distribuir guias para usuários da Constituição, inundar nossos representantes e candidatos a presidente com moções pela restituição do Estado de direito.

Finalmente, precisamos nos levantar diretamente e enfrentar aqueles que cometeram crimes contra a Constituição — e fazer com que respondam por isso, como os Fundadores confiaram que nós faríamos.

Ontem à tarde, eu vi uma coisa espantosa. Estava tentando atravessar a Sexta Avenida com meu filhinho. Mas tivemos de parar porque dezenas de ciclistas vestidos com roupas coloridas — homens, mulheres e crianças de todas as etnias e idades — formavam um rio de pessoas.

Era um evento organizado pelo grupo de ciclistas Critical Mass. Seu objetivo era mostrar o poder e os benefícios de uma organização de dezenas de milhares de ciclistas usando as ruas da cidade. Eu conhecia esse grupo porque a administração do prefeito Michael Bloomberg havia usado manifestações semelhantes como pretexto para aprovar leis que restringiram o direito de reunião dos cidadãos.

Havia muitos deles. Meu filho e eu esperamos, paralisados, mas a multidão não terminava: milhares de americanos, nenhum parecido com o outro, passavam correndo por nós, exultando em liberdade — e simplesmente aproveitando o dia ensolarado.

O poder de todos esses americanos — movendo-se separadamente e mesmo assim em uníssono — me parecia o oposto do poder das massas assustadas e assustadoras que eu estive estudando.

Como me pareceu poderosa essa corrente de cidadãos uma vez que escolheram uma direção a seguir.

Os truculentos são covardes. Sempre, quando as pessoas acordaram para o perigo e se levantaram para confrontar aqueles que procuravam oprimi-las, milhares de cidadãos demoliram muros e abriram as portas de prisões lotadas. Em nossa nação, em tempos de eclipse, os patriotas se tornaram rebeldes várias vezes: "Não, a nação não vai ser derrotada, não sob minhas vistas."

Quando isso acontece, não há poder que consiga conter esses patriotas.

Espero que isso o incentive.

Naomi
Nova York
14 de julho de 2007

AGRADECIMENTOS

Sou grata a John Brockman, Katinka Matson, Max Brockman e Russell Weinberger por suas observações sobre o texto original; ao Virginia Center for the Creative Arts, a Michael Ratner do Centro de Direitos Constitucionais e seus colegas — Gitanjali Gutierrez, Shayana Kadidal, Wells Dixon, Emi Maclean, Bill Goodman, Jen Nessel, Esther Wang, Barbara Olshansky, Susan Hu e Jessica Baen — por me orientarem a respeito de questões carcerárias; a Amanda Murray e David Rosenthal por seu apoio contínuo; a Marcia Gallo da Lehman College, John Stern da John Jay College of Criminal Justice e Zachary Heiden da Maine Civil Liberties Union, por suas valiosas leituras legais e históricas dos originais; a Emily Whitfield e Barry Steinhardt da Aclu; a meus editores no *Guardian* de Londres, Kath Viner, Emily Wilson e Philip Daoust, que me encorajaram a publicar uma versão anterior deste arrazoado; a Carlton Sedgeley, Lucy LePage e Helen Churko por seus exemplos de cidadania e por seu esforço pela publicação desta mensagem, e aos meus colegas Wes Boyd, Joan Blades, David Fenton e William Haseltine da American Freedom Campaign, por seu estímulo ininterrupto a este projeto e por liderarem um movimento de incentivo aos cidadãos para que restaurem a Constituição.

Obrigada a minha equipe notável na editora Chelsea Green — os editores John Barstow e Shay Totten, a *publisher* Margo Baldwin, Mike Dyer, Kalen Landow, Erica Jong e Emily Foote e a Susan Devenyi, Robin Stern, Tara Bracco, David Christian e

Thomas Jackson. Sou para sempre grata a Nancy Crompton e Mary Fratini por seu compromisso, dedicação e habilidade extraordinários no trabalho de pesquisa, checagem, copidesque e edição.

Sou grata também, sempre, a minha querida família, que, como todas as famílias, merece a liberdade.

NOTAS

INTRODUÇÃO

1. Mark Mazzetti, "Funcionária da CIA diz que mensagem sobre tortura causou sua demissão", *New York Times*, 22 julho de 2006, p. A11
2. R. Jeffrey Smith, "Processo de prisioneiros: Projeto de lei dispensa os procedimentos legais para julgar combatentes inimigos", *Washington Post*, 28 de julho de 2006, p. A23
3. "A Corte Sitiada", editorial, *New York Times*, 29 de julho de 2006, p. A12
4. Walter Dellinger, "Uma penada", *New York Times*, 31 de julho de 2006, p. A17
5. Jesse Mckinley, "Blogueiro preso depois de desafiar ordens judiciais", *New York Times*, 2 de agosto de 2006, p. A15
6. Adam Liptak, "Governo obtém acesso a ligações telefônicas de repórter", *New York Times*, 2 de agosto de 2006, p. A12
7. "Constrangendo a eleição", editorial, *New York Times*, 3 de agosto de 2006, p. A20
8. Howard Fineman, "Rove solta o verbo", *Newsweek*, 6 de dezembro de 2004. Disponível no endereço http://www.msnbc.msn.com/id/6597631/site/newsweek/
9. Dana Canedy e Dexter Filkins, "Contando os votos: condado de Miami-Dade: Um dia selvagem em Miami, sem fim previsto para a recontagem e com democratas indo à Justiça", *New York Times*, 23 de novembro de 2000, p. A31
10. Nigel Williamson, "Libertem as três Dixies", *The Guardian*, 22 de agosto de 2003. Disponível no endereço http://arts.guardian.co.uk./fridayreview/story/0,12102,1026475,00.html
11. Kirk Johnson, "Reitor da Universidade do Colorado recomenda a demissão de autor de artigo sobre o 11 de setembro", *New York Times*, 27 de junho de 2006, A11
12. "Aclu revela que FBI vigia pacifistas do Maine", press release da Aclu, 25 de outubro de 2006. Disponível no endereço http://www.aclu.org/safefree/spy-files/27180prs20061025.html

13. Transcrição do noticiário, *NBC News, Meet the Press*, domingo, 7 de setembro de 2003. Disponível no endereço http://www.msnbc.msn.com/id/3080244/

14. "'Nós o capturamos' e depois um chamado pela reconciliação de funcionários americanos e iraquianos". Trechos de uma coletiva de imprensa gravada pela Federal Document Clearing House, Inc., *New York Times*, 15 de dezembro de 2003. Disponível no endereço http://www.nytimes.com/2003/12/15/politics/

15. "Seguranças do aeroporto JFK forçam mulher a beber o próprio leite", *USA Today/Associated Press*, 12 de agosto de 2002. Disponível no endereço http://www.usatoday.com/travel/news/2002/2002-08-09-jfk-security.htm

16. Max Gallo, *Mussolini's Italy: Twenty Years of the Fascist Era* (Nova York, Macmillan, 1973), p. 117

17. Richard J. Evans, *The Coming of the Third Reich* (Nova York, The Penguin Press, 2004), p. 341

18. James Bovard, "Não se ganha superioridade moral no campo de batalha", *USA Today*, 8 de outubro de 2002. Disponível no endereço http://www.usatoday.com/news/opinion/editorials/2002-10-08-oplede_x.htm

19. Ernestine Bradley, *The Way Home: A German Childhood, an American Life* (Nova York; Pantheon Books, 2005), p. 80

20. Leni Riefenstahl, *O triunfo da vontade* (*Triunph des Willens*), documentário, Synapse Films, 1935

21. Reid J. Epstein, "Universidade alerta os alunos sobre abertura de informações permitida pelo Patriot Act: Governo pode obter históricos médicos", *Milwaukee Journal Sentinel*, 17 de dezembro de 2004. Disponível no endereço http://www.jsonline.com/story/index.aspx?id=285173; ver também "Reforma do Patriot Act", Aclu. Disponível no endereço http://action.aclu.org/reformthepatriotact/215.html; Richard J. Evans, *The Coming of the Third Reich*, p. 144-45.

22. Howard Kurtz, "*Newsweek* se desculpa: Relato impreciso sobre o Corão levou a distúrbios", *Washington Post*, 16 de maio de 2005, A1

23. Michael Ratner e Ellen Ray, *Guantánamo: What the World Should Know* (White River Junction, Vermont, Chelsea Green Publishing, 2004)

24. William L. Shirer, *Berlin Diary: The Journal of a Foreign Correspondent, 1934-1941* (Nova York, Black Dog & Leventhal Publishers, 1941), p. 89

25. "*Vila Sésamo* derruba prisioneiros de guerra iraquianos: Música heavy metal e canções infantis populares americanas estão sendo usadas por interrogadores dos EUA para minar o moral de seus prisioneiros no Iraque", *BBC News*, 20 de maio de 2003. Disponível no endereço http://news.bbc.co.uk/2/hi/middle_east/3042907.stm
26. Shirer, *Berlin Diary*, p. 89
27. "Como os EUA usaram esposas iraquianas para fazer 'alavanca': Esposas de suspeitos de insurgência são presas para forçar seus maridos a se renderem", *Associated Press*, 27 de janeiro de 2006. Disponível no endereço http://www.msnbc.msn.com/id/11061831/
28. Roy A. Medvedev, *Let History Judge: The Origins and Consequences of Stalinism*, trad. Colleen Taylor (Nova York, Alfred A. Knopf, 1971), p. 269
29. Alan Bullock, *Hitler: A Study in Tyranny* (Nova York, Harper Perennial, 1962, 1971), p. 267 e 374
30. "Discurso do vice-presidente na cerimônia em memória do 11 de Setembro". Gabinete do vice-presidente, 11 de setembro de 2006. Disponível no endereço http://www.whitehouse.gov/news/releases/2006/09/2006 0911.html; ver também "Discurso de abertura feito pela dra. Condoleezza Rice ao Comitê de Investigação de Ataques Terroristas", Gabinete do secretário de Imprensa, 28 de abril de 2004. Disponível no endereço http://www.whitehouse.gov/news/releases/2004/04/20040408.html.
31. Steven Bach, *Leni: The Life and Work of Leni Riefenstahl* (Nova York, Alfred A. Knopf, 2007), p. 187
32. Shirer, *Berlin Diary*, p. 324-344
33. Ghaith Abdul-Ahad, Kael Alford, Thorne Anderson, Rita Leistner, Philip Jones Griffiths e Philip Robertson, *Unbedded: Four Independent Photo journalists on the War in Iraq* (White River Juncion, Vermont, Chelsea Green Press, 2005), p. II
34. Randal C. Archibold e Jeff Kearns, "Promotoria sofre revés na trilha do terror na Califórnia", *New York Times*, 10 de abril de 2006, p. A20
35. "Libertado o pai do caso de terrorismo na Califórnia", *USA Today*, 26 de agosto de 2006. Disponível no endereço http://www.usatoday.com/news/nation/2006-08-25-calif-terror_x.htm
36. Philip Shenon e Don Van Natta Jr., "Uma nação desafiada: A investigação; EUA dizem que três pessoas detidas podem estar ligadas aos sequestros", *New York Times*, 1º de novembro de 2001, p. A1

37. Archibold e Kearns, "Promotoria sofre revés na trilha do terror na Califórnia", *New York Times*, 10 de abril de 2006, p. A20

38. Erich Licthblau, "Ex-promotor de inquérito sobre terrorismo é indiciado", *New York Times*, 30 de março de 2006, p. A18

39. Medvedev, *Let History Judge*, p. 341 e 354

40. Jennifer Quinn, "Britânicos frustram plano terrorista de matar milhares sobre o Atlântico", *Associated Press*, publicado no *Seattle Times*, 10 de agosto de 2006. Disponível no endereço http://seattletimes.nwsource.com/html/nationworld/2003188108_londonplot10.html

41. Allan Bullock, *Hitler: A Study in Tyranny* (Nova York, HarperCollins, 1962, 1991), p. 266-67 e 374

42. Myra McPherson, *All Governments Lie! The Life and Times of Rebel Journalist I.F. Stone* (Nova York, Scribner, 2006), p. 56

43. Thomas Fuller, "Junta tailandesa impõe restrições à imprensa", *International Herald Tribune/New York Times*, 22 de setembro de 2006, p. A13; "Cresce a proibição de atividades políticas", *Associated Press/New York Times*, 11 de janeiro de 2006, p. A3; "Junta tailandesa confisca passaporte diplomático do primeiro-ministro", *New York Times*, 11 de janeiro de 2006, p. A13

44. "Presidente Bush assina Ato de Comissões Militares de 2006", Departamento de Assessoria de Imprensa, 16 de outubro de 2006. Disponível no endereço http://www.whitehouse.gov/news/releases/2006/10/20061017-1.html

45. Entrevista à autora, 10 de outubro de 2006

CAPÍTULO 1

1. R.J.B. Bosworth, *Mussolini's Italy: Twenty Years of the Fascist Era* (Nova York, Macmillan, 1973), p. 215

2. Hannah Arendt, *The Origins of Totalitarianism* (Nova York, Harcourt, Brace, 1951), p. XXIII, XXVI e XXX

3. Noam Chomsky e Edward S. Herman, *The Washington Connection and Third World Fascism* (Boston, South End Press, 1979), p. 28

4. Universidade de Columbia, Paul Lagasse, Lora Goldman, Archie Hobson e Susan R. Norton (org.), *Columbia Encyclopedia* (Nova York, Columbia University Press, 2001-2005), p. 926

5. Joe Conason, *It Can Happen Here: Authoritarian Peril in the Age of Bush* (Nova York, St. Martin's Press, 2007), p. 22

6. *Concise Oxford English Dictionary*, 11ª edição (Londres, Oxford University Press), 2006

7. Arendt, idem, ibidem; Carl J. Friedrich e Zbigniew K. Brzezinski, *Totalitarian Dictatorship and Autocracy* (Cambridge, Massachusetts, Harvard University Press, 1956), citado em Eric A. Johnson e Karl-Heinz Reuband, *What We Knew: Terror, Mass Murder and Everyday Life in Nazi Germany* (Nova York, Basic Books, 2005), p. XV

8. Johnson e Reuband, *What We Knew*, p. XV e XVI

9. Myra McPherson, *All Governments Lie! The Life and Times of Rebel Journalist I.F. Stone* (Nova York, Scribner), p. 69

10. Myra McPherson, *All Governments Lie!*, p. 115

11. Myra McPherson, *All Governments Lie!*, p. 125; ver também Sinclair Lewis, *It Can't Happen Here* (Nova York, Signet Classic, 2005)

12. Leonard W. Levy, *Origins of the Bill of Rights* (New Haven, Yale University Press, 1999), p. 175

13. Alexander Hamilton, James Madison e John Jay, *The Federalist Papers*, Clinton Rossiter, org. (Nova York, The Penguin Press, 1961, 2003), p. 75 e 103

14. Craig Nelson, *Thomas Paine: Enlightenment, Revolution and the Birth of Modern Nations* (Nova York, Viking, 2006), p. 246

15. Bernard Bailyn, *To Begin the World Anew: The Genius and Ambiguities of the American Founders* (Nova York, Alfred A. Knopf, 2003), p. 54-55

16. Bailyn, *To Begin the World Anew*, p. 110-11

17. Bailyn, *To Begin the World Anew*, p. 124. Bailyn se estendeu no tema: "Tensão — redes de tensões — foi necessidade fundamental para Estados livres. O texto final da Constituição, como deixam claro os federalistas, é uma grande rede de tensões, um sistema aprumado num equilíbrio tenso como a mecânica newtoniana revelou serem os sistemas físicos... Pressões exercidas num ponto ativariam respostas compensatórias num outro ponto e foi nesse mecanismo de equilíbrio tenso que Madison depositou suas esperanças...", p. 121

18. Denis Mack Smith, *Benito Mussolini: A Biography* (Nova York, Vintage Books, 1982), p. 21

19. Richard J. Evans, *The Third Reich in Power* (Nova York, The Penguin Press, 2005), p. 621 e 632

20. Robert C. Tucker, *Stalin in Power: The Revolution from Above*, 1928-1941 (Nova York, W.W. Norton and Company), p. 275

21. Dana Priest, "EUA ensinaram tortura e execuções a latinos: Manuais foram usados de 1982 a 1991, revela o Pentágono", *Washington Post*, 21 de setembro de 1996, página A1

22. Max Gallo, *Mussolini's Italy: Twenty Years of the Fascist Era*, trad. Charles Lam Makmann (Nova York, Macmillan, 1973), p. 72

23. Joseph Roth, *What I Saw: Reports from Berlin, 1920-1933* (Nova York, W.W. Norton and Company, 2004), p. 53 e 179; Victor Klemperer, *I Will Bear Witness: A Diary of the Nazi Years, 1933-1941* (Nova York, Modern Library, 1998), p. 150-76

24. Richard J. Evans, *The Coming of the Third Reich* (Nova York, The Penguin Press, 2004), p. 106-108, 145-49; Harold Donaldson Eberlein et al., *Down the Tiber and up to Rome* (Londres, J. Lippincott, 1930), p. 107

25. Austin Considine e Newley Purnell, "Turistas na Tailândia: Golpe? Que golpe?'", *New York Times*, 8 de outubro de 2006, seção de turismo. Disponível no endereço http://travel.nytimes.com/2006/10/08/travel/08journeys.html

26. Evans, *Coming of the Third Reich*, p. 122-129, 396-397, 403 e 405

CAPÍTULO 2

1. Nat Hentoff, *The War on the Bill of Rights and the Gathering Resistance* (Nova York, Seven Stories Press, 2003), p. 11

2. Max Gallo, *Mussolini's Italy: Twenty Years of the Fascist Era*, trad. Charles Lam Markmann (Nova York, Macmillan, 1973), p. 275

3. "Presidente discute guerra global contra o terror", Departamento de Imprensa, 5 de setembro de 2006. Disponível no endereço http://whitehouse.gov/news/releases/2006/09/20060905_4.html

4. Sherryl Gay Stolbert, "Palavras-chave: quem decide", *New York Times*, 24 de dezembro de 2006, p. A4

5. Michael Gerson, "Michael Gerson descreve como o 11 de Setembro mudou Bush: Um ex-conselheiro de Bush sobre o 11 de Setembro, o Iraque e as lições de cinco anos conturbados — para o presidente e para a população", *Newsweek*, 21-28 de agosto de 2006, p. 59-60

6. Richard J. Evans, *The Coming of the Third Reich* (Nova York, Penguin Press, 2004), p. 103-112

7. Robert O. Paxton, *The Anatomy of Fascism* (Nova York, Vintage Books, 2004), p. 37

8. Paxton, *The Anatomy of Fascism*, p. 84
9. Hannah Arendt, *The Origins of Totalitarianism* (Nova York, Harcourt, Brace, 1951), p. 424
10. Paxton, *The Anatomy of Fascism*, p. 41
11. R.J.B. Bosworth, *Mussolini's Italy: Life under Dictatorship, 1915-1945* (Nova York, The Penguin Press, 2006), p. 141 e 146
12. Evans, *The Coming of the Third Reich*, p. 75
13. Evans, *The Coming of the Third Reich*, p. 227
14. Evans, *The Coming of the Third Reich*, p. 284-287
15. Evans, *The Coming of the Third Reich*, p. 293 e 298
16. Evans, *The Coming of the Third Reich*, p. 80, 251 e 254
17. Evans, *The Coming of the Third Reich*, p. 274
18. Leni Riefenstahl, *Triumph des Willens (Triumph of the Will)*, documentário, Synapse Films, 1935
19. Evans, *The Coming of the Third Reich*, p. 293 e 298
20. Evans, *The Coming of the Third Reich*, p. 310, 313-14 e 332
21. Evans, *The Coming of the Third Reich*, p. 311, 331-36, 349 e 354
22. Evans, *The Coming of the Third Reich*, p. 332
23. Evans, *The Coming of the Third Reich*, p. 311, 331-36, 349 e 354
24. Anne Appelbaum, *Gulag: A History* (Nova York, Anchor Books, 2003), p. 46
25. Barbara Miller, *The Stasi Files Unveiled: Guilt and Compliance in a Unified Germany* (New Brunswick, Transaction Publishers), p. 44, 49 e 97
26. John L. Rector, *The History of Chile* (Nova York, Palgrave Macmillan, 2003), p. 187
27. Jim Stewart, "Outro ataque terrorista prestes a acontecer?", *CBS News*, 5 de junho de 2006. Disponível no endereço http://www.cbsnews.com/stories/2006/06/05/terror/main1683852.shtml
28. Jay Stanley, *The Surveillance-Industrial Complex: How the American Government Is Conscripting Businesses and Individuals in the Construction of Surveillance Society* (Nova York, Aclu, 2004), p. 27-28
29. Philip Shenon, "Efeitos retardados: Segurança interna; Ex-assessores de segurança interna fazem uma rápida transição para a atividade lobista", *New York Times*, 29 de abril de 2003, p. Al
30. Entrevista à autora, 18 de dezembro de 2006
31. Entrevista à autora, 21 de janeiro de 2007
32. Jay Stanley, *The Surveillance-Industrial Complex*, p. 28-29

CAPÍTULO 3

1. Richard J. Evans, *The Coming of the Third Reich* (Nova York, The Penguin Press, 2004), ilustração n° 26; Anne Applebaum, *Gulag: A History* (Nova York, Anchor Books, 2003), p. 92-115

2. Gail Shister, "'24' minimiza tortura", *Philadelphia Inquirer*, 15 de fevereiro de 2007. Disponível no endereço http://www.ohio.com/mld/philly/entertainment/columnists/gail-shister/16700918.htm

3. William Glaberson, "Detento de Guantánamo se declara culpado", *New York Times*, 27 de março de 2007, p. A1

4. Noam Chomsky, *The Washington Connection and Third World Fascism* (Boston, South End Press, 1979), p. 113

5. Chomsky, *The Washington Connection*, p. 10

6. "Egito: Prisões em massa e tortura", *Human Rights Watch*, fevereiro de 2005. Disponível no endereço: http://hrw.org/reports/2005/egypt0205/index.htm

7. R.J.B. Bosworth, *Mussolini's Italy: Life under Dictatorship, 1915-1945* (Nova York, The Penguin Press, 2006), p. 241-42 e 332

8. Evans, *Coming of the Third Reich*, p. 317, 336, 341, 344-47 e 357-58

9. Evans, *Coming of the Third Reich*, p. 347

10. Earle Rice, Jr., *The Nuremberg Trials* (San Diego, Califórnia, Lucent Books, 1997), p. 31

11. Evans, Richard J., *The Third Reich in Power* (Nova York, The Penguin Press, 2005), p. 81

12. Idem, p. 344-49

13. Roy A. Medvedev, *Let History Judge: The Origins and Consequences of Stalinism*, trad. Colleen Taylor (Nova York, Alfred A. Knopf, 1971), p. 279

14. Michael Ratner, *Guantánamo: What the World Should Know* (White River Junction, Vermont, Chelsea Green Press, 2004), p. 3

15. John Barry, Michael Hirsh e Michael Isikoff, "As raízes da tortura", *Newsweek International*, 24 de maio de 2004. Disponível no endereço http://www.msnbc.msn.com/id/4989481/; Nina Totenberg, "Hamdan vs. Rumsfeld: Caminho para uma decisão histórica", NPR.org, 15 de julho de 2007. Disponível no endereço http://www.npr.org/templates/story/story.php?storyId=5751355

16. Václav Havel, *Disturbing the Peace: A Conversation with Karel Hvizdala*, trad. Paul Wilson (Nova York, Alfred A. Knopf, 1990), p. 145

17. Joshua Denbeaux e Mark Denbeaux, *Informe sobre os prisioneiros de Guantánamo: Perfil de 517 prisioneiros por meio de análise de dados do Departamento de Defesa*, abril de 2005, Universidade Seton Hall, p. 2-3

18. Ratner e Ray, *Guantánamo*, p. 35

19. Ratner e Ray, *Guantánamo*, p. 36

20. Ratner e Ray, *Guantánamo*, p. 36, 38, 39, 40-41, 44 e 62; Applebaum, *Gulag*, p. 243

21. Leonard W. Levy, *Origins of the Bill of Rights* (New Haven, Yale University Press, 199), p. 74

22. Entrevista à autora, 13 de agosto de 2006

23. Ratner e Ray, *Guantánamo*, p. 25

24. "Hamdi proclama inocência; alegre com reencontro — Homem preso como 'combatente inimigo' volta para a Arábia Saudita", CNN, 14 de outubro de 2004. Disponível no endereço http://www.cnn.com/2004/WORLD/meast/10/14/hamdi/

25. Nina Totenberg, "Hamdan vs. Rumsfeld: Caminho para uma decisão histórica", *NPR.org*, 15 de julho de 2007. Disponível no endereço http://www.npr.org/templates/story/story.php?storyId=5751355

26 Mike Dorning, "EUA divulgam detalhes da ação contra Padilla", *Chicago Tribune*, 2 de junho de 2004. Disponível no endereço http://www.chicagotribune.com/news/nationworld/>

27. "Perfil: José Padilla", *BBC News*, 22 de novembro de 2005. Disponível no endereço http://news.bbc.co.uk/1/hi/world/americas/2037444.stm

28. Ratner e Ray, *Guantánamo*, p. 45

29. Naomi Klein, "Um julgamento para milhares que tiveram julgamento negado", *The Nation*, 12 de março de 2007. Disponível no endereço http://www.thenation.com/doc/20070312/klein

30. Nina Totenberg, "EUA enfrentam obstáculos importantes para processar Padilla", *NPR Morning Edition*, 3 de janeiro de 2007, Disponível no endereço http://www.npr.org/templates/story/story.php?storyID=682846.

31. Karen J. Greenberg, org., *The Torture Debate in America* (Nova York, Cambridge University Press, 2006), p. 283
32. Greenberg, *The Torture Debate*, p. 312
33. Greenberg, *The Torture Debate*, p. 317-57
34. Greenberg, *The Torture Debate*, p. 317-57
35. Lloyd C. Anderson, "A trilogia da detenção: Encontrando o equilíbrio apropriado entre segurança nacional e liberdade individual numa época de guerra não convencional", *Whittier Law Review*, 2005. Disponível no endereço http://www.law.whittier.edu/pdfs/cstudents/wir-v27 nl-anderson-abstract.pdf
36. Entrevista à autora, 20 de setembro de 2006
37. Applebaum, *Gulag*, p. 46
38. Amy Newman, *The Nuremberg Laws* (San Diego, Califórnia, Lucent Books, 1999), p. 23 e 60
39. Ratner e Ray, *Guantánamo*, p. 18, 24 e 26
40. Medvedev, *Let History Judge*, págs, 258-59. Para uma discussão detalhada do terror no contexto da política partidária, ver Nikolai I. Bukharin, *Crackdown on the Party*, p. 138-145, e Carl J. Friedrich e Zbigniew Brzezinski, *The Model of Totalitarianism*, p. 198-213, ambos artigos in Robert V. Daniels (org.) *The Stalin Revolution: Foundations of Soviet Totalitarianism* (Lexington, Massachusetts, D. C. Heath and Company, 1972)
41. Medvedev, *Let History Judge*, p. 260
42. Eugenia Semyonovna Ginzburg, *Journey into the Whirlwind* (San Diego, Califórnia, Harcourt Brace & Company, 1995), p. 154
43. Ratner e Ray, *Guantánamo*, p. 37
44. Ratner e Ray, *Guantánamo*, p. 62
45. Medvedev, *Let History Judge*, p. 264-65
46. "Atrasando o relógio em relação ao estupro", editorial, *New York Times*, 23 de setembro de 2006, p. A10
47. John Barry, Michael Hirsh e Michael Isikoff, "As raízes da tortura", *Newsweek International*, 24 de maio de 2004. Disponível no endereço http://www.msnbc.msn.com/id/4989481/
48. Joseph Margulies, *Guantánamo and the Abuse of Presidential Power* (Nova York, Simon and Schuster, 2006), p. 133

49. Joseph Margulies, *Guantánamo*, p. 99
50. Medvedev, *Let History Judge*, p. 271
51. Ginzburg, *Journey*, p. 79
52. Medvedev, *Let History Judge*, p. 278
53. Matthew Restall, "O Declínio e Queda do Império Espanhol?", *The William and Mary Quarterly*, volume 64, volume I. 2006. Disponível no endereço http://www.historycooperative.org/journals/wm/64.1/br_1. html
54. Medvedev, *Let History Judge*, p. 277-78
55. Ratner e Ray, *Guantánamo*, p. 39 e 151
56. Medvedev, *Let History Judge*, p. 276-77
57. "Atrás dos advogados", Editorial, *New York Times*, 27 de abril de 2007, p. A26
58. Margulies, *Guantánamo*, p. 163-64
59. Ginzburg, *Journey*, p. 170-72
60. Seymour M. Hersh, "Torture em Abu Ghraib", *New Yorker*, 10 de maio de 2004. Disponível no endereço http://www.newyorker.com/archive/2004/05/10/040510fa_fact
61. Steven H. Miles, *Oath Betrayed: Torture, Medical Complicity, and the War on Terror* (Nova York, Random House, 2006)
62. Michael Isikoff e Stuart Taylor Jr, "A precipitação de Gitmo", *Newsweek*, 17 de julho de 2006, p. 22-25
63. Alan Bullock, *Hitler: A Study in Tyranny* (Nova York, HarperCollins, 1962, 1991), p. 374-75
64. Nick Hawton, "À procura de uma prisão secreta da CIA na Polônia", *BBC News*, 28 de dezembro de 2006. Disponível no endereço http://news.bbc.co.uk/2/hi/europe/6212843.stm
65. Nat Hentoff, "Nossos próprios julgamentos de Nuremberg", *Village Voice*, 20-26 de dezembro de 2006, p. 14
66. Patrick Quinn, "Prisões de guerra dos Estados Unidos se transformam em vácuo legal para 14 mil pessoas", *Associated Press*, 18 de setembro de 2006. Disponível no endereço http://www.king5.com/sharedcontent/iraq/topstories/091806ccwcIraqPrisoners.1f7e92fd.html
67. "EUA: Soldados falam sobre abuso de prisioneiros no Iraque", *Human Rights Watch*, 23 de julho de 2006. Disponível no endereço http://hrw.org/english/docs/2006/07/19/usint13767.htm

68. Applebaum, *Gulag*, p.9
69. Evans, *Third Reich in Power*, p. 136-37
70. Evans, *Third Reich in Power*, p. 68-70 e 453
71. Peter Noel, "Os milhões de Louima", *Village Voice*, 18-24 de julho de 2001
72. Alfred W. McCoy, "O mito da bomba-relógio prestes a explodir", *The Progressive*, outubro de 2006, disponível no endereço http://www.p rogressive.corg/mag_mccoy1006; Alfred W. McCoy, A Question of Torture (Nova York, Henry Holt, 2006), p.111
73. Myra MacPherson, *All Governments Lie! The Life and Times of Rebel Journalist I.F. Stone* (Nova York, Scribner, 2006), p. 272
74. Ratner e Ray, *Guantánamo*, p. 43
75. Entrevista à autora, 27 de janeiro de 2007
76. Adam Liptak, "Juiz ouve alegações sobre programa federal de espionagem", *New York Times*, 6 de setembro de 2006, p. A14
77. Alexander Hamilton, James Madison, John Jay, *The Federalist Papers*, Clinton Rossiter (org.) (Nova York, The Penguin Press, 1961, 2003), p. 498

CAPÍTULO 4

1. Jeremy Scahill, *Blackwater: The Rise of the World's Most Powerful Mercenary Army* (Nova York: Nation Books, 2007), p. XVIII-XIX
2. Scahill, *Blackwater*, p. XIX
3. Scahill, *Blackwater*, p. 72-73
4. Scott Shane, "Contratado pela CIA é condenado pelo espancamento que causou morte de afegão", *New York Times*, 18 de agosto de 2006, p. A8
5. Scahill, *Blackwater*, p. XX-XXI
6. Scahill, *Blackwater*, p. 186, 190-199, 200, 202
7. Scahill, *Blackwater*, 327-329
8. Robert Young Pelton, *Licensed to Kill: Hired Guns in the War of Terror* (Nova York, Crown Publishers, 2006), p. 31
9. Pelton, *Licensed to Kill*, p.2
10. Pelton, *Licensed to Kill*, p. 4-5
11. Sidney Blumenthal, *How Bush Rules* (Princeton, Nova Jersey, Princeton University Press, 2006), p. 2

12. Don Van Natta Jr., "A campanha de 2000: A eleição na Flórida; democratas apontam problemas em seções eleitorais de toda a Flórida", *New York Times*, 10 de novembro de 2000, p. A26

13. Richard J. Evans, *The Coming of the Third Reich* (Nova York, The Penguin Press, 2004), p. 274

14. R.J.B. Bosworth, *Mussolini's Italy: Life under Dictatorship, 1915-1945* (Nova York, The Penguin Press, 2006), p.95

15. William L. Shirer, *Berlin Diary: The Journal of a Foreign Correspondent 1934-1941* (Nova York, Black Dog & Leventhal Publishers, 1941), p. 90

16. Kirk Johnson, "Homem processa agente do serviço secreto por prendê-lo depois de se aproximar de Cheney e criticar a guerra", *New York Times*, 4 de outubro de 2006, p. A22

17. Gallo, *Mussolini's Italy*, p. 41-45

18. Evans, *Coming of the Third Reich*, p. 181-82, 191

19. Evans, *Coming of the Third Reich*, p. 230

20. Eric A. Johnson e Karl-Heinz Reuband, *What We Knew: Terror, Mass Murder and the Everyday Life in Nazi Germany* (Nova York, Basic Books, 2005), p. 54

CAPÍTULO 5

1. Nat Hentoff, *The War on the Bill of Rights and the Gathering Resistance* (Nova York, Seven Stories Press, 2003), p. 75

2. Barbara Milller, *The Stasi Files Unveiled: Guilt and Compliance in a Unified Germany* (New Brunswick, Nova Jersey, Transaction Publishers), p.2

3. Entrevista à autora, agosto de 2006

4. Nicholas D. Kristof e Shery WuDunn, *China Wakes: The Struggle for the Soul of a Rising Power* (Nova York, Vintage Books, 1995), p. 49

5. Eric Lichtblau e James Risen, "Bush deixa o governo espionar telefonemas sem o conhecimento da Justiça", *New York Times*, 16 de dezembro de 2005, p. A1

6. James Risen e Eric Lichtblau, "Dados bancários são examinados em segredo pelo governo para cercear o terror", *New York Times*, 23 de junho de 2006, p. A1

7. Entrevista à autora, 13 de agosto de 2006

8. David Cunningham, *There's Something Happening Here — The New Left, the Klan and FBI Counterintelligence* (Berkeley, University of California Press, 2004), p. 2
9. R.J.B. Bosworth, *Mussolini's Italy: Life under Dictatorship, 1915-1945* (Nova York, The Penguin Press, 2006), p. 233
10. Bosworth, *Mussolini's Italy*, p. 230
11. William L. Shirer, *Berlin Diary: The Journal of a Foreign Correspondent 1934-1941* (Nova York, Black Dog & Leventhal Publishers, 1941), p. 469
12. Richard J. Evans, *The Coming of the Third Reich* (Nova York, The Penguin Press, 2004), p. 229
13. Evans, *Coming of the Third Reich*, p. 143-144
14. Shirer, *Berlin Diary*, p. 448
15. Barbara Miller, *The Stasi Files Unveiled: Guilt and Compliance in a Unified Germany* (New Brusnwick, Nova Jersey, Transaction Publishers, 2004), p. 3-25
16. Eric A. Johnson e Karl-Heinz Reuband, *What We Knew: Terror, Mass Murder, and Everyday Life in Nazi Germany* (Nova York, Basic Books, 2005), p. 181
17. Václav Havel, *Disturbing the Peace: A Conversation with Karel Hvizdala*, trad. Paul Wilson (Nova York, Basic Books, 2005), p. 181
18. Kristof e WuDunn, *China Wakes*, p. 22

CAPÍTULO 6

1. Roy A. Medvedev, *Let History Judge: The Origins and Consequences of Stalinism*, trad. Colleen Taylor (Nova York, Alfred A. Knopf, 1971), p. 352-54
2. Richard J. Evans, *The Coming of the Third Reich* (Nova York, The Penguin Press, 2004), p. 403
3. Jonh L. Rector, *The History of Chile* (Nova York, Macmillan, 2003), p. 202
4. David Cunningham, *There's Something Happening Here: The New Left, The Klan, and FBI Counterintelligence* (Berkeley, University of California Press, 2004), p. 109
5. Mark Schlosberg, "O Estado de vigilância: Monitoramento governamental de atividades políticas nas regiões norte e centro da Califórnia", Aclu

do Norte da Califórnia, julho de 2006. Disponível no endereço http://
www.aclunc.org/issues/government_surveillance/the_state_
of_surveillance.shtml

6. Joe Conason, *It Can Happen Here: Authoritarian Peril in the Age of Bush* (Nova York, San Martin Press, 2007), p. 192-3

7. Eric Lichtblau e Mark Mazzetti, "Documentos militares reúnem informações sobre atividades pacifistas", *New York Times*, 21 de novembro de 2006, p. A18

8. Entrevista à autora, 9 de maio de 2007, Centro de Direitos Constitucionais

9. Jim Dwyer, "Prefeitura vai à Justiça para não ter que abrir arquivos sobre espionagem da polícia", *New York Times*, 26 de março de 2007, p. B1

10. Mark Bushnell, "O pregador foi preso por convicções pacifistas", *Times Argus Sunday Magazine*, 12 de dezembro de 2004. Disponível no endereço http://www.timesargus.com/apps/pbsc.dll/article?AID=2004121/ NEWS/412120306/1013; Geoffrey J. Stone. *War and Liberty: An American Dilemma, 1790 to the Present* (Nova York, W.W. Norton, 2007), p. 55

11. "Taxando uma igreja hostil", *New York Times*, 22 de novembro de 2005, p. A22

12. Stephanie Strom, "Grupo defende inquérito da Receita em duas igrejas de Ohio acusadas de campanha irregular", *New York Times*, 16 de janeiro de 2006, p. 9

13. "Ativista Sheehan é presa em galeria da Câmara", *CNN.com*, 1º de fevereiro de 2006. Disponível no endereço http://www.cnn.com/2006/ POLITICS/01/31/sheehan.arrest/

14. Cornelia Dean, "Um homem, um plano, uma barragem. Depois, uma ligação do FBI", *New York Times*, 22 de agosto de 2006, p. A15

CAPÍTULO 7

1. Sara Kehaulani Goo, "Sen. Kennedy incluído em lista de proibidos de voar", *Washington Post*, 20 de agosto de 2004, p. A01

2. Sara Kehaulani Goo, "Cat Stevens detido depois que voo para Washington é desviado", *Washington Post*, 22 de setembro de 2004, p. A10

3. Bob Cuddy, "Pego no contrafluxo: histórias do norte da Califórnia", Aclu do norte da Califórnia, 11 de setembro de 2002, p. 8

4. "Aclu de Massachusetts desafia o uso de perfis comportamentais no aeroporto Logan", Aclu. Disponível no endereço www.aclu.org/safefree/general/18765prs20041110.html
5. Entrevista à autora, 31 de agosto de 2006
6. Mark Graber, "Outro inimigo do povo?", Blog *Balkinization*, 8 de abril de 2007. Disponível no endereço http://balkin.blogspot.com/2007/04/another-enemy-of-people.html
7. "Terroristas improváveis em lista de proibidos de voar", *CBS News*, 8 de outubro de 2006. Disponível no endereço http://cbsnews.com/stories/2006/10/10/60minutes
8. Timothy Williams, "Assessor detido no aeroporto Kennedy a caminho da Venezuela", *New York Times*, 24 de setembro de 2006, p. A37
9. "Perguntas frequentes sobre a lista de barrados em aviões", Aclu, 22 de setembro de 2005. Disponível no endereço http://www.aclu-wa.org/detail.cfm?id=274
10. CBS, ibid.
11. Eric Lichtblau, "Democratas se preparam para questionar Bush sobre segurança e terrorismo", *New York Times*, 7 de dezembro de 2006, p. A37
12. Scott Shane, "Canadense será mantido na lista americana de observação de terroristas", *New York Times*, 23 de janeiro de 2007, p. A11; entrevista à autora, Centro de Direitos Constitucionais
13. Myra MacPherson, *All Governments Lie! The Life and Times of Rebel Journalist I.F. Stone*, Nova York, Scribner, 2006, p. 339
14. William L. Shirer, *Berlin Diary: The Journal of a Foreign Correspondent 1934-1941* (Nova York, Black Dog & Leventhal Publishers, 1941), p. 143-44
15. Chris Plante, "Capelão muçulmano do Exército dos Estados Unidos é preso", *CNN*, 22 de setembro de 2003. Disponível no endereço www.cnn.com/2003/US/09/20/chaplain.arrest
16. Lana Parker, "A provação do capelão Yee", *USA Today*, 16 de maio de 2004. Disponível no endereço http://www.usatoday.com/news/nation/2004-05-16-yee-cover_x.htm
17. Damien Cave, "A luta pelo Iraque: prisioneiro americano no Iraque admite erros, diz investigador", *New York Times*, 2 de maio de 2007, p. A10; "Oficial americano de alta patente no Iraque acusado de ajudar o inimigo", *CBS News*, 26 de abril de 2007

18. "Ex-capelão do Exército é detido na fronteira", *New York Times*, 24 de julho de 2006; Victor Klemperer, *I Will Bear Witness: A Diary of the Nazi Years, 1933-1941* (Nova York, Modern Library, 1999), p. 276

19. Eric A. Johnson e Karl-Heinz Reuband, *What We Knew: Terror, Mass Murder and Everyday Life in Nazi Germany* (Nova York, Basic Book, 2005), p. 290-291

20. Evans, *Third Reich in Power*, p. 603

21. Rector, *History of Chile*, p. 188

22. "FBI pede desculpas a advogado no caso de atentado", *Associated Press/MSNBC*, 25 de maio de 2004. Disponível no endereço http://www.msnbc.msn.com/id/5053007

23. Dan Eggen, "Governo entra em acordo para encerrar ação judicial impetrada por advogado do Oregon", *Washington Post*, 30 de novembro de 2006, p. A03

24. Leonard W. Levy, *Origins of the Bill of Rights* (New Haven, Connecticut, Yale University Press, 1999), p. 153-57

25. Mark Kurlansky, *1968: The Year that Rocked the World* (Nova York, Random House, 2005), p. 339

26. John L. Rector, *The History of Chile* (Nova York, Palgrave Macmillan, 2003), p. 208

27. Diane Cardwell, "Em documentos judiciais, uma nota política sobre os protestos de 2004", *New York Times*, 31 de julho de 2006, p. B1

28. Christopher Dunn e Donna Lieberman, "Licença para passear", *New York Times*, 13 de agosto de 2006, p.14:11

CAPÍTULO 8

1. "Cerco à ciência: O ataque do governo Bush à liberdade acadêmica e à investigação científica", Aclu, 9 de junho de 2005, p.31

2. Richard J. Evans, *The Coming of the Third Reich* (Nova York, Penguin Press, 2004), p. 426

3. Gunther Neske e Emil Kettering, (org.), *Martin Heidegger and National Socialism* (Nova York, Paragon House, 1990), p. 5-13

4. "'Diversidade intelectual': Lema para o novo macartismo". Reproduzido da Community College Perspective, maio de 2005. Disponível no endereço http://www.cft.org/councils/cccn/news/santarosared.html

5. Michelle York, "Professor é atacado por deputados e vândalos", *New York Times*, 3 de fevereiro de 2005, p. B6

6. Kirk Johnson, "Presidente da Universidade do Colorado propõe a demissão de autor de artigo sobre o 11 de setembro", *New York Times*, 27 de junho de 2006, p. A11

7. Gretchen Ruethling, "Um cético sobre o 11 de setembro provoca questões sobre liberdade acadêmica", *New York Times*, 1º de agosto de 2006, p. A11

8. Stanley Fish, "Teorias conspiratórias 101", *New York Times*, 23 de julho de 2006, p. 4:13

9. Heidegger, ibid.

10. R.J.B. Bosworth, *Mussolini's Italy: Life under Dictatorship, 1915-1945* (Nova York, The Penguin Press, 2006), p. 243

11. Evans, *Coming of the Third Reich*, p. 416; Jean-Michel Plamier, *Weimar in Exile: The Anti-Fascist Emigration in Europe and America* (Londres, Verso, 2006), p. 1-47

12. Evans, *Coming of the Third Reich*, ilustração nº 28

13. Evans, *Coming of the Third Reich*, idem, p. 419, 422-23, 425, 568

14. Palmier, *Weimar in Exile*, p. 44

15. John L. Rector, *The History of Chile* (Nova York, Palgrave Macmillan, 2003), p. 200-02

16. Nicholas D. Kristof e Sheryl WuDunn, *China Wakes: The Struggle for the Soul of a Rising Power* (Nova York, Vintage Books, 1995), p. 27

17. Warren St. John, "Cresce a reação contra celebridades ativistas", *New York Times*, 23 de março de 2003, p. 9:1

18. Theo Emery, "Sons de um levante político de esquerda em Nashville", *New York Times*, 19 de agosto de 2006. Disponível no endereço http://www.nytimes.com/2006/08/19/washington/19nashville.html?ex=1183780800&en=fea052dbd5163444&ei=5070

19. John Schwartz e Geraldine Fabrikant, "Guerra põe gigante do rádio na defensiva", *New York Times*, 31 de março de 2003, p. C1

20. Michael Moore, "Sicko está pronto e estamos viajando para Cannes", 17 de maio de 2007. Disponível no endereço www.michaelmoore.com/words/message/index.php?messageDate=2007-05-17

21. Evans, *Coming of the Third Reich*, p. 398; Palmier, *Weimar in Exile*, p. 113.

22. Rector, *History of Chile*, p. 22
23. Myra MacPherson, *All Governments Lie! The Life and Times of Rebel Journalist I.F. Stone* (Nova York, Scribner, 2006), p. 302-03
24. Victor Klemperer, *I Will Bear Witness: A Diary of the Nazi Years, 1933-1941*, trad. Martin Chalmers (Nova York, The Modern Library, 1998), p. 19
25. David Johnston e Scott Shane, "CIA demite alto funcionário por causa de vazamento de dados", 22 de abril de 2006, p. A1
26. Scott Shane, "Aberto inquérito criminal para investigar vazamento sobre escuta", *New York Times*, 31 de dezembro de 2005, p. A1
27. David Johnson e Neil A. Lewis. "Advogado diz que militares tentaram coagir prisioneiro a fazer confissão", *New York Times*, 16 de junho de 2005, p. A25
28. "O custo de cumprir o dever", editorial, *New York Times*, 11 de outubro de 2006, p. A26
29. "Desculpas não aceitas", editorial, *New York Times*, 19 de janeiro de 2007, p. A22; Amy Newman, *The Nuremberg Laws: Institucionalized Anti-Semitism* (San Diego, Lucent Books, 1970), p. 18-19

CAPÍTULO 9

1. Joseph C. Wilson 4th, "O que eu não encontrei na África", *New York Times*, 6 de julho de 2003, p. 4:9
2. Eric Boehlert, "Swift Boat dispara ataque contra CBS", *Salon.com*, 10 de setembro de 2004. Disponível no endereço http://dir.salon.com/story/news/feature/2004/09/10/forgery/index.html
3. "Politizando a televisão pública", editorial, *New York Times*, 4 de maio de 2005, p. A22
4. Elizabeth Jensen, "Demissão de apresentadora de programa infantil pela PBS gera protestos", *New York Times*, 5 de agosto de 2006, p. A15, A20
5. Fintan Dunne, "Pentágono ameaça matar jornalistas independentes no Iraque", 10 de março de 2003. Disponível no endereço http://www.breakfornews.com/news/kate_adie030310.htm
6. "Repórteres sem Fronteiras acusam militares americanos de atirar deliberadamente contra jornalistas", postado em *Reporters without Borders: For Press Freedom*, 8 de abril de 2003. Disponível no endereço http://www.rsf.org/article.php3?id_article=5975

7. Robert Fisk, "Não espanta que Al-Jazeera tenha sido um alvo", *The Independent*, 26 de novembro de 2005. Disponível no endereço http://www.robert-fisk.com/articles548.htm

8. "EXCLUSIVO: Repórteres da Al-Jazeera concedem em primeira mão relato sangrento do cerco americano a Fallujah em abril de 2004", entrevista postada em *Democracy Now!*, 22 de fevereiro de 2006. Disponível no endereço http://www.democracynow.org/article.pl?sid=06/02/22/1434210

9. Kevin Maguire, "Exclusivo: Plano de Bush para bombardear seu aliado árabe", *Daily Mirror*, 22 de novembro de 2005. Disponível no endereço http://www.mirror.co.uk.news/

10. Jeremy Scahill, "Bush realmente quis bombardear a Al-Jazeera?", *The Nation*, 23 de novembro de 2005. Disponível no endereço http://www.thenation.com/doc/20051212/scahill

11. Nicholas Kristof, "A vergonha de Sami e a nossa", *New York Times*, 17 de outubro de 2006, p. A21

12. "Julgamento de cameraman da CBS preso marcado para abril", *CBS News*, 2 de março de 2006. Disponível no endereço http://www.cbsnews.com/blogs/2006/03/22/publiceye/

13. "Cameraman freelancer da CBS ferido a bala por soldados americanos", *Reporters without Borders*, 6 de abril de 2005. Disponível no endereço http://www.rsf.org/article.php3?id_article=13118

14. "Cameraman iraquiano trabalhando para a CBS será julgado", *CBS News*, 22 de março de 2006. Disponível no endereço http://www.cbsnews.com/stories/2006/03122/Iraq

15. "Cameraman da CBS inocentado no Iraque; júri conclui que não há provas um ano depois da prisão", *CBS News*, 5 de abril de 2006. Disponível no endereço http://www.cbsnews.com/stories /2006/04/05/iraq/main1472263.shtml

16. "Americanos detêm fotógrafo da AP no Iraque", *CBS News*, 18 de setembro de 2006

17. C. J. Chivers, "Jornalista que criticou a guerra da Chechênia é morta a tiros em Moscou", *New York Times*, 8 de outubro de 2006, seção 1, p. 16

18. Sebnem Arsu, "Editor que falou a favor dos armênios étnicos da Turquia é assassinado", *New York Times*, 20 de janeiro de 2007, p. A3

19. "Exército: fazer blog é 'terapia'; imprensa é 'ameaça'", *Wired Blog Network*, 2 de maio de 2007. Disponível no endereço http://blog.wired.com/defense/2007/05/army_milbloggin.html

20. Paul McLeary, "É isso que o Exército pensa de nós? Um novo manual do Exército caracteriza os repórteres americanos como ameaça à segurança nacional", *Columbia Journalism Review*. 3 de maio de 2007. Disponível no endereço http://www.cjr.org./politics/is_this_what_the_army_thinks_o.php?

21. "Protegendo os registros telefônicos dos repórteres", *New York Times*, 29 de novembro de 2006, p. A8

22. Tom Socca, "Em off", *New York Observer*, 8 de setembro de 2006, p. 6

23. Michael Calderone, "*Times* estuda como driblar os federais: telefones descartáveis, notas apagáveis: 'Aja como um traficante'", *The New York Observer*, 17 de setembro de 2006. Disponível no endereço http://www.observer.com/node/39419

24. Greg Palast, "Palast acusado de jornalismo em primeiro grau", 11 de setembro de 2006. Disponível no endereço http://www.gregpalast.com/palast-charged-with-journalism-in-the-first-degree

25. Max Gallo, *Mussolini's Italy: Twenty Years of the Fascist Era*, trad. Charles Lam Markmann (Nova York, Macmillan, 1964), p. 38

26. R.J. B. Bosworth, *Mussolini's Italy: Life under Dictatorship, 1915-1945* (Nova York, The Penguin Press, 2006), p. 220

27. Bosworth, *Mussolini's Italy*, p. 220

28. Richard J. Evans, *The Third Reich in Power* (Nova York, The Penguin Press, 2005), p. 153

29. Evans, *Third Reich in Power*, p. 407; Ralf Georg Reuth, *Goebbels* (Nova York, Harcout Brace & Co.), p. 75-192

30. Nicholas D. Kristof e Shreyl WuDunn, *China Wakes: The Struggle for the Soul of a Rising Power* (Nova York, Vintage, 1995), p. 25-26

31. Elisabeth Bumiller, "Guardiães da imagem de Bush elevam a técnica do espetáculo a novas altitudes", *New York Times*, 16 de maio de 2003, p. A2; Leni Riefenstahl, *Triumph des Willens* (*Triumph of the Will*), 1935, Documentário, Synapse Films, 1935; Ray Müller, *The Wonderful, Horrible Life of Leni Riefenstahl*, Channel Four Films, Alemanha, 1994; Steven Bach, *The Life and Work of Leni Riefenstahl* (Nova York, Alfred A. Knopf, 2007), p. 116

32. Evans, *Coming of the Third Reich*, p. 168
33. George Orwell, *Animal Farm* (Nova York, Harcourt Brace, 1997), p. 57
34. William L. Shirer, *Berlin Diary: The Journal of a Foreign Correspondent 1934-1941* (Nova York, Black Dog & Leventhal Publishers, 1941), p. 269
35. Evans, *Third Reich in Power*, p. 664-71
36. John L. Rector, *The History of Chile* (Nova York, Palgrave Macmillan, 2003), p. 187
37. Frank Rich, *The Greatest Story Ever Sold: The Decline and Fall of Truth from 9/11 to Katrina* (Nova York, The Penguin Press, 2006), p. 229-307
38. Howard Kurtz, "Governo pagou a comentarista: Departamento de Educação usou Williams para promover lei de 'No Child'", *Washington Post*, 8 de janeiro de 2005, p. A1
39. Katharine Q. Seelye, "*Publisher* de Miami renuncia por causa de pagamentos a repórteres", *New York Times*, 4 de outubro de 2006, p. A16
40. George Orwell, "Looking Back on the Spanish War" in *Essays by George Orwell*. Disponível no endereço http://www.george-orwell.org./Looking_Back_On_The_Spanish_War/0.html
41. Jess McKinley, "Três membros do governo Clinton pedem que a Disney cancele ou reveja minissérie sobre o 11 de setembro", *New York Times*, 7 de setembro de 2006, p. A27
42. "Informações da imprensa não conseguem esclarecer papel de Kean, presidente da comissão sobre o 11 de setembro, na minissérie com erros de informação da ABC", *Media Matters*, 7 de setembro de 2006. Disponível no endereço http://mediamatters.org/items/200609070007
43. Don Kaplan e David K. Li, "Os segredos da primeira minissérie sobre o 11 de setembro", *New York Post*, 28 de julho de 2005
44. Orwell, *Animal Farm*, p. 47-48

CAPÍTULO 10

1. Eric A. Jones, *Urbanization and Crime: Germany, 1871-1914* (Cambridge, Reino Unido, Cambridge University Press, 1995), p. 27; Victor Kemplerer, *I Will Bear Witness: A Diary of the Nazi Years, 1933-1941*, trad. Martin Chalmers (Nova York, The Modern Library, 1998), p. 77, 130, 190; Roy A. Medvedev, *Let History Judge: The Origins and Consequences of Stalinism* (Nova York, Alfred A. Knopf, 1971), p. 364-47

2. Klemperer, *I Will Bear Witness*, p. 79-120
3. Ann Coulter, *Treason: Liberal Treachery from the Cold War to the War on Terrorism* (Nova York, Random House, 2003), p. 203
4. Coulter, *Treason*, p. 257-58
5. Deroy Murdock, "Os vazamentos seriais da Senhora Grisalha", *National Review Online*, 6 de julho de 2006. Disponível no endereço http://article.nationalreview.com/
6. Brian Maloney, "Continuando", *The Radio Equalizer*, 10 de julho de 2006. Disponível no endereço http://radioequalizer.blogspot.com/2006_07_01_archive.html
7. Medvedev, *Let History Judge*, p. 175-78.
8. Maloney, ibid.
9. Murdock, ibid.
10. Dan Eggen e Jerry Markton, "Dois altos funcionários da Aipac são demitidos: FBI investiga se a dupla passou informações sigilosas a Israel", *Washington Post*, 21 de abril de 2005, p. A8
11. Eric Lichtblau, "Americano em vídeos da Al Qaeda acusado de traição", *New York Times*, 12 de outubro, de 2006, p. A22
12. Myra MacPherson, *All Governments Lie! The Life and Times of Rebel Journalist I.F. Stone* (Nova York, Scribner, 2006), p. 54-55
13. MacPherson, *All Governments Lie!*, p. 57
14. MacPherson, *All Governments Lie!*, p. 58-59
15. "Carta da Aclu ao Congresso pedindo oposição ao Animal Enterprise Act, 1926, e H.R. 4239", Aclu, 6 de março de 2006. Disponível no endereço http://www.aclu.org/freespeech/gen/25620leg20060306.html
16. Applebaum, *Gulag*, p. 46
17. Max Gallo, *Mussolini's Italy: Twenty Years of the Fascist Era*, trad. Charles Lam Markmann (Nova York, Macmillan, 1973), p. 43
18. Václav Havel, *Disturbing the Peace: A Conversation with Karel Hvizdala*, trad. Paul Wilson (Nova York, Alfred A. Knopf, 1990), p. 120, 143
19. Jim Hopkins, "Lei mantém servidores fora da China", *USA Today*, 12 de fevereiro de 2006. Disponível no endereço http://www.usatoday.com/money/world/2006-02-12-china-net_x.htm
20. "Aclu processa subsidiária da Boeing por participar de voos de sequestro e tortura", Aclu, 30 de maio de 2007. Disponível no endereço http://www.aclu.org./safefree/torture/29920prs20070530.html

CAPÍTULO 11

1. Richard J. Evans, *The Third Reich in Power* (Nova York, The Penguin Press, 2005), p. 14-15
2. Victor Klemperer, *I Will Bear Witness: A Diary of the Nazi Years, 1933-1941* (Nova York, Modern Library, 1998), p. 157
3. John L. Rector, *The History of Chile* (Nova York, Palgrave Macmillan, 2003), p. 182
4. Major Danby, "Bush esvazia Posse Comitatus e se apropria da Guarda Nacional", *News from Underground*, 18 de outubro de 2006
5. Patrick Leahy, "Pronunciamentos do senador Patrick Leahy, Projeto de Autorização para a Defesa Nacional para o ano fiscal de 2007, Relatório da conferência, Relatório do Congresso", 29 de setembro de 2006. Disponível no endereço http://leahy.senate.gov/press/200609/092906b.html
6. "Facilitando a lei marcial", editorial, *New York Times*, 19 de fevereiro de 2007, p. A14
7. Levy, *Origin of the Bill of Rights*, p. 193
8. Disponível no endereço http://jurist.law.pitt.edu/monitor/2007/01/gonzales-surveillance-authorization.php *Ver também* http://thinkprogress.org/2007/01/19/gonzales-habeas/
9. Fred L. Stanley e Louis H. Pratt (org.), *Conversations with James Baldwin* (Jackson, University Press of Mississippi, 1989), p. 78

BIBLIOGRAFIA

Abdul-Ahad, Ghaith, Kael Alford, Thorne Andersen e Rita Leistner, *Unembedded: Four Independent Photojournalists on the War in Iraq*, White River Junction, Vermont, Chelsea Green Publishing, 2005.

Applebaum, Anne, *Gulag: A History*, Nova York, Anchor Books, 2003.

Arendt, Hannah, *The Origins of Totalitarianism*, Nova York, Harcourt, Brace, 1951.

Ash, Timothy Garton, *The File: A Personal History*, Nova York, Random House, 1997.

Auden, W. H., *Collected Poems. Reprint*, Edward Mendelson (org.), Nova York, Vintage Books, 1991.

Bach, Steven, Leni, *The Life and Work of Leni Riefenstahl*, Nova York, Knopf, 2007.

Bailyn, Bernard, *To Begin the World Anew: The Genius and Ambiguities of the American Founders*, Nova York, Albert A. Knopf, 2003.

Benedict, Michael Les, *The Blessings of Liberty: A Concise History of the Constitution of the United States*, Lexington, Massachusetts, D. C. Heath and Co., 1996.

Bosworth, R. J. B., *Mussolini's Italy: Life Under Dictatorship, 1915-1945*, Nova York, The Penguin Press, 2006.

Brookhiser, Richard, *Alexander Hamilton, American*, Nova York, Simon and Schuster, 1999.

Bullock, Alan, *Hitler: A Study in Tyranny*, Nova York, HarperCollins, 1962, 1991.

Chomsky, Noam, *9-11*, Nova York, Seven Stories Press, 2001.

Collins, Gail, *America's Women: 400 Years of Dolls, Drudges, Helpmates and Heroines*, Nova York: William Morrow, 2003.

Conason, Joe, *It Can't Happen Here: Authoritarian Peril in the Age of Bush*, Nova York, St. Martin's Press, 2007.

Cunningham, David, *There's Something Happening Here: The New Left, The Klan, and FBI Counterintelligence*, Berkeley: University of California Press, 2004.

Daniels, Robert V., *The Stalin Revolution: Foundations of Soviet Totalitarianism*, Lexington, Massachusetts, D.C. Heath and Company, 1972.

Dawidowicz, Lucy S., *The War Against the Jews, 1933-1945*, Nova York, Holt, Rhinehart and Winston, 1975.

Ellis, Joseph J., *Founding Brothers: The Revolutionary Generation*, Nova York, Vintage, 2002.

Eberlein, Harold Donaldson, Geoffrey J. Marks e Frank A.Wallis, *Down the Tiber and Up to Rome*, Filadélfia, J. B. Lippincott Company, 1930.

Evans, Richard J., *The Coming of the Third Reich*, Nova York, The Penguin Press, 2004.

Evans, Richard J., *The Third Reich in Power*, Nova York, The Penguin Press, 2005.

Franklin, Benjamin, *Autobiography and Other Writings. Ormond Seavey* (org.), Oxford,

U.K.: Oxford University Press, 1993.

Gallo, Max, *Mussolini's Italy: Twenty Years of the Fascist Era*, Trad. Charles Lam Markmann, Nova York, Macmillan Publishing Company, Inc., 1964.

Gibbs, Philip, *European Journey, Being the Narrative of a Journey in France, Switzerland, Italy, Hungary, Austria, Germany and the Saar, in the Spring and Summer of 1934*, Nova York, The Literary Guild, 1934.

Glasser, Ira, *Visions of Liberty: The Bill of Rights for all Americans*, Nova York, Arcade Publishing, 1991.

Goodman, Amy, *The Exception to the Rulers: Exposing Oily Politicians, War Profiteers, and the Media That Love Them*, Nova York, Hyperion, 2004.

Grandin, Greg, *Empire's Workshop: Latin America, The United States and the Rise of the New Imperialism*, Nova York, Holt, 2006.

Green, James, *Death in the Haymarket: A Story of Chicago, The First Labor Movement and the Bombing That Divided Gilded Age America*, Nova York, Anchor Books, 2007.

Greenwald, Glenn, *How Would a Patriot Act? Defending American Values from a President Run Amok*, São Francisco, Working Assets Publishing, 2006.

Halberstam, David, *The Fifties*, Nova York, Fawcett Columbine, 1993.

Halle, Louis J., *The Cold War as History*, Nova York, Harper & Row, 1967.

Hamilton, Alexander, James Madison e John Jay, *The Federalist Papers*, Clinton Rossiter (org.), Nova York, Signet, 1961, 2003.

Harris, Sam, *Letter to a Christian Nation*, Nova York, Alfred A. Knopf, 2006.

Hochman, Jiri, org. e trad., *Hope Dies Last: The Autobiography of Alexander Dubcek*, Nova York, Kodansha International, 1993.

Holtzman, Elizabeth, com Cynthia L. Cooper, *The Impeachment of George W. Bush: A Practical Guide for Concerned Citizens*, Nova York, Nation Books, 2006.

Isaacson, Walter (org.), *A Benjamin Franklin Reader*, Nova York, Simon and Schuster, 2003.

Jensen, Derrick e George Draffan, *Welcome to the Machine: Science, Surveillance, and the Culture of Control*, White River Junction, Vermont, Chelsea Green Publishing, 2004.

Johnson, Chalmers, *Nemesis: The Last Days of the American Republic*, Nova York, Holt, 2006.

Johnson, Eric A. e Karl-Heinz Reuband, *What We Knew: Terror, Mass Murder and Everyday Life in Nazi Germany*, Nova York, Basic Books, 2005.

Kessler, Count Harry, *Berlin in Lights: The Diaries of Count Harry Kessler, 1918-1937*, Ian Buruma (org.). trad. Charles Kessler, Nova York, Grove Press, 1961.

Klemperer, Victor, *I Will Bear Witness: A Diary of the Nazi Years, 1933-1941*, trad. Martin Chalmers, NovaYork, The Modern Library, 1998.

Koren, Yehuda e Eilat Negev, *Lover of Unreason: Assia Wevill, Sylvia Plath's Rival and Ted Hughes's Doomed Love*, Nova York, Carroll and Graf Publishers, 2006.

Korda, Michael, *Journey to a Revolution: A Personal Memoir and History of the Hungarian Revolution of 1956*, Nova York, HarperCollins, 2006.

Kriseova, Eda, *Vaclav Havel: The Authorized Biography*, trad. Celeb Crain, Nova York, St. Martin's Press, 1993

Kristof, Nicolas D. e Sheryl WuDunn, *China Wakes: The Struggle for the Soul of a Rising Power*, Nova York,Vintage Books, 1995

Large, David Clay, *Between Two Fires: Europe's Path in the 1930s.*, Nova York, W.W. Norton & Co., 1990.

Long, Huey, *Every Man a King: The Autobiography of Huey P. Long*, Cambridge, Massachusetts, Da Capo Press, 1933, 1996.

MacPherson, Myra, *All Governments Lie!: The Life and Times of Rebel Journalist I. F. Stone*, Nova York, Scribner, 2006.

Mandelbaum, Michael, *The Case for Goliath: How America Acts as the World's Government in the 21st Century*, Nova York, Public Affairs, 2005.

McCoy, Alfred W., *The Question of Torture: CIA Interrogation. From the Cold War to the War on Terror*, Nova York, Henry Holt and Company, 2006.

McDonald, Forrest, *Enough Wise Men: The Story of Our Constitution*, Richard B. Morris (org.), Nova York, G.P. Putman's Sons, 1970.

Medvedev, Roy A., *Let History Judge: The Origins and Consequences of Stalinism*, trad. Colleen Taylor, Nova York, Alfred A. Knopf, Inc., 1971.

Mill, John Stuart, *On Liberty*, David Spitz (org.), NovaYork, W.W. Norton and Co., 1975.

Miller, Barbara, *Guilt and Compliance in a Unified Germany: The Stasi Files Unveiled*, New Brunswick, Nova Jersey, Transaction Publishers, 2004.

Morgan, Ted, *Reds: McCarthyism in Twentieth-Century America*, Nova York, Random

House, 2003.

Morris, Richard B., *Witnesses at the Creation: Hamilton, Madison, Jay and the Constitution*, Nova York, Plume, 1985.

Nash, Gary B., *The Unknown American Revolution: The Unruly Birth of Democracy and the Struggle to Create America*, Nova York, Viking Penguin, 2005.

Newman, Amy, *The Nuremberg Laws: Institutionalized Anti-Semitism*, San Diego, Califórnia, Lucent Books, 1970.

Noakes, J. e G. Pridham (orgs.), *Nazism: A History in Documents and Eyewitness Accounts, 1919-1945. Volume I: The Nazi Party, State and Society*, Nova York: Schocken Books, 1988.

Palmier, Jean-Michel, *Weimar in Exile: The Antifascist Emigration in Europe and America*, trad. David Fernbach, Londres, Verso, 2006.

Paxton, Robert O., *The Anatomy of Fascism*, Nova York,Vintage Books, 2004.

Perkins, John, *Confessions of an Economic Hit Man*, Nova York, Plume, 2006.

Peterson, Merrill D., *Thomas Jefferson and the New Nation: A Biography*, Nova York, Oxford University Press, 1970.

Raskin, Marcus G. e A. Carl LeVan, *In Democracy's Shadow: The Secret World of National Security*, Nova York, Nation Books, 2005.

Rector, John L., *The History of Chile*, Nova York, Palgrave Macmillan, 2003.

Reeves, Thomas C., *The Life and Times of Joe McCarthy: A Biography*, Nova York, Stein and Day, 1982.

Reich, Wilhelm, *The Mass Psychology of Fascism*, Nova York, Penguin Books, 1970.

Reuth, Georg Ralf, *Goebbels*, trad. Krishna Winston. Nova York, Harcourt Brace, 1990.

Rice Jr., Earle, *The Nuremberg Trails*, San Diego, Califórnia, Lucent Books, 1997.

Rich, Frank, *The Greatest Story Ever Sold: The Decline and Fall of Truth From 9/11 to Katrina*, Nova York, The Penguin Press, 2006.

Roberts, Cokie, *Founding Mothers: The Women Who Raised Our Nation*, Nova York, William Morrow, 2004.

Robins, Robert S. e Jerrold M. Post, *M.D. Political Paranoia: The Psychopolitics of Hatred*, New Haven, Connecticut, Yale University Press, 1997.

Roth, Joseph, *What I Saw: Reports from Berlin, 1920-1933*, trad. Michael Hofmann. Nova York, W. W. Norton & Co., 1996.

Scahill, Jeremy, *The Rise of the World's Most Powerful Mercenary Army*, Nova York, Nation Books, 2007.

Schrecker, Ellen, *Many Are the Crimes: McCarthysm in America*, Nova York, Little, Brown, 1998.

Sheean, Vincent, *Not Peace But a Sword*, Nova York, Doubleday, Doran and Co., 1939.

Shirer, William L., *Berlin Diary: The Journal of a Foreign Correspondent 1934-1941*, Tess Press, 1941.

Shirer, William L., *The Rise and Fall of Adolf Hitler*, Nova York, Random House, 1961.

Solzhenitsyn, Aleksandr, *The Gulag Archipelago, 1918-1956: An Experiment in Literary Investigation, I-II*, trad. Thomas P. Whitney, Nova York, Harper & Row, 1973.

Speer, Albert, *Inside the Third Reich: Memoirs*, trad. Clara e Richard Winston, Nova York, Macmillan, 1970.

Stone, Geoffrey R., *War and Liberty: An American Dilemma, 1790 to the Present*, Nova York, W.W. Norton and Co., 2007.

Tucker, Robert C., *Stalin in Power: The Revolution from Above, 1928-1941*, Nova York, W.W. Norton & Co., 1990.

Vidal, Gore, *Dreaming War: Blood for Oil and the Cheney-Bush Junta*, Nova York, Nations Books, 2002.

Wollstonecraft, Mary, *A Vindication of the Rights of Woman*, Londres, Everyman's Library, 1929, 1985.

Zelikow, Philip e Condoleezza Rice, *Germany Unified and Europe Transformed: A Study in Statecraft*, Cambridge, Massachusetts, Harvard University Press, 1995, 2002.

Zimbardo, Philips, *The Lucifer Effect*, Nova York, Random House, 2007.

Zinn, Howard., *A Power Governments Cannot Suppress*, São Francisco, City Lights Books, 2007.

Zinn, Howard, *Terrorism and War*, Nova York, Seven Stories

Este livro foi composto na tipologia Electra LH
Regular, em corpo 11/16, e impresso em papel
off-white 90g/m² no Sistema Cameron da
Divisão Gráfica da Distribuidora Record.